AN FEAR
A PHLÉASC

AN FEAR A PHLÉASC

Micheál Ó Conghaile

Cló Iar-Chonnachta
Indreabhán
Conamara

An Chéad Chló 1997

An Dara Cló 1998

An Tríú Cló 2002

An Ceathrú Cló 2007

© Cló Iar-Chonnachta Teo. 1997

ISBN 1 874700 79 6 (crua)

ISBN 1 902420 84 5 (bog)

Clúdach agus Léaráidí: Brian Bourke

Dearadh Clúdaigh: Johan Hofsteenge

Dearadh: Foireann CIC

Bord na
Leabhar
Gaeilge

Tugann Bord na Leabhar Gaeilge
tacaíocht airgid do Chló Iar-Chonnachta.

the arts
council
schomhairle
ealaíon

Tugann An Chomhairle Ealaíon
tacaíocht airgid do Chló Iar-Chonnachta.

Clóchur: Cló Iar-Chonnachta Teo., Indreabhán, Conamara.

Fón: 091-593307. Facs: 091-593362.

Priontáil: Clódóirí Lurgan Teo., Indreabhán, Conamara. Fón: 091-593251/593157

CLÁR

1. An Fear a Phléasc — 9

2. Seacht gCéad Uaireadóir — 21

3. As Láimh a Chéile — 35

4. Faoi Scáth Scáile — 51

5. Leabhar na bPeacaí — 63

6. Ar Pinsean sa Leithreas — 75

7. An Mála Freagraí a Goideadh — 87

8. Gabhal na gCloch — 99

9. An Chéad Duine Eile — 111

10. Ag Pacáil — 123

11. Bualadh an Bháis — 131

12. An Charraig — 139

13. Athair — 145

Leabhair eile leis an údar agus ó Chló Iar-Chonnachta:

Croch Suas É! Eag. (Amhráin) 1986
Gaeltacht Ráth Cairn: Léachtaí Comórtha, Eag. (Stair) 1986
Mac an tSagairt, (Gearrscéalta) 1986
Comhrá Caillí, (Filíocht) 1987
Conamara agus Árainn 1880–1980, (Stair) 1988
Up Seanamhach! Eag. (Amhráin) 1990
Gnéithe d'Amhráin Chonamara Ár Linne, (Léacht) 1993
Sláinte: Deich mBliana de Chló Iar-Chonnachta, Eag. (Éagsúil) 1995
An Fear a Phléasc, (Gearrscéalta) 1997
Sna Fir, (Úrscéal) 1999
Seachrán Jeaic Sheáin Johnny, (Nóibhille) 2002
An Fear nach nDéanann Gáire, (Gearrscéalta) 2003
Cúigear Chonamara, (Dráma) 2003
Jude, (Dráma) 2007

Aistriúcháin:
Banríon Álainn an Líonáin, (Dráma le Martin McDonagh) 1999
Ualach an Uaignis, (Dráma le Martin McDonagh) 2002
Sách Sean, (Gearrscéalta do dhéagóirí) 2002

*Ní d'aon duine faoi leith
an saothar seo*

*Tréigeann an gaol agus imíonn an grá
agus ní bhíonn gaol ag aon duine le duine gan aird.*
— *Seanfhocal*

Níl aithris sa leabhar seo ar aon duine dá bhfuil beo nó marbh.
Tá an gearrscéal "An Charraig" bunaithe ar shaothar
*John O'Donohue – **Stone as the Tabernacle of Memory.***

Foilsíodh leaganacha de roinnt de na gearrscéalta seo cheana in
Anois, Comhar, Oghma** agus **The Galway Edge.
Ba mhaith leis an údar buíochas a ghlacadh le
heagarthóirí na bhfoilseachán seo.

AN FEAR
A PHLÉASC

BB '85

AN FEAR A PHLÉASC

Cén áit baileach ar tharla sé, an ea? Ó, i lár na sráide díreach, a Jó, i gceartlár na sráide. An phríomhshráid uachtarach úd atá ag síneadh leis an gcearnóg i mbolg chroí na cathrach. Ó sea, deile. Tá an ceart agat. Nach i lár na gcathracha i gcónaí a tharlaíonn na heachtraí móra suntasacha ar fad, nach ea? Ara, níorbh fhiú dó bacadh le pléascadh amuigh sna bruachbhailte, b'in uile a mbeadh faoi. B'in a dheireadh. Saothar in aisce.

Tráthnóna Dé Sathairn? Sea go díreach, tráthnóna Dé Sathairn a deir mé, a Jó, nuair is cruógaí a bhíonn an baile mór. Lucht siopadóireachta! Lucht siopadóireachta, sea, is graithe, is gasúir saor ón scoil. Leath de lucht na réigiún, nach raibh aon chruóg níos práinní orthu tagtha isteach ag baint deataigh as an *free travel*. Isteach go bhfeicfidís cé eile a bhí istigh. Is dona, a Jó. Is diabhaltaí dona an t-am a phioc sé le pléascadh ceart go leor. D'fhéadfadh sé an-dochar a dhéanamh, d'fhéadfadh sin. Seasamh amuigh i lár an bhóthair ina staic! Pléascadh ansin! Trácht ina chíor thuathail an chuid eile den lá. *Traffic jams*. Ó ba thráth faillí é cinnte dearfa. Ní bheadh an mhaidin mhoch chomh dona, ná deireanach san oíche, nó b'fhéidir an Domhnach féin seachas am Aifrinn . . .

Cén sórt foláirimh! Ara diabhal foláirimh, a Jó, go dtuga Dia ciall dhuit. Ní shílim go dtugann daoine a bhíonn ar tí pléascadh fógra ná foláireamh. Tuige a dtabharfadh? Sin cuid den phléasc is den mhioscais, a mhac – de mhíorúilt rúndiamhrach na pléisce. Ar ndóigh, dá dtabharfadh sé foláireamh uaidh ní fheicfeadh duine ar bith é. Is beag eile a bheadh faoi. Ní bheadh a scéal féin ann le n-aithris ceart. Chuile dhuine scuabtha leo de rite reaite. Rite scaipthe ar nós paca giorriacha. Deoraí beo ní bheadh fanta ar an tsráid. Sea, a Jó, tá an ceart agat, *winos*. Mura mbeadh *winos* nó an lucht siúil a bheadh ag fosaíocht shóinseáil a phócaí má bhí a leithéid aige . . . nó gardaí, nó b'fhéidir an t-arm féin dá dtogróidís teacht amach lena *defuse*-áil . . . á, ní móide go dtiocfaidís ar chor ar bith, a Jó. Cá mbeidís ag teacht. Céard a bheidís in ann a dhéanamh *anyways* ag an tráth sin? Cén deis a bheadh acu a d'fhéadfadh fear a bheadh ar tí pléascadh a chur ó rath – ó dhrochrath. Cá bhfios don arm bocht dá mheabhraí a gcuid

saineolaithe cén *gadget* a bhainfidís as. Cén chaoi a mbeadh a fhios.
Agus dá bpléascfadh sé ansin ina láthair sa mullach orthu agus iad ag
baoiteáil leis . . . iad a bhualadh suas faoin straois! Bhí *experts* an airm
snigeáilte freisin. Bhí. Bhí agus obair i bhfad níos tábhachtaí le déanamh
acu. Ar ndóigh, níorbh ionann ar chor ar bith fear agus buama. Tá an
ceart a'd, a Jó. D'fhéadfaí an dochar a bhaint as buama sách éasca – ach
an duine, sea an duine; bheadh sé fánach fiú ag arm Mheiriceá, duine
mar é a *defuse*-áil . . . Nach in í an chúis gur phléasc sé gan choinne . . . ó
sách glic ar m'anam, sách glic gan leithscéal a ghabháil le haon duine.

Gur sacadh biorán sa tóin ann, an ea? Ó ní chreidim é sin. Gur cuireadh
poll ina thóin le *prod* de bhiorán . . . agus gur phléasc sé ina *splinters*?
Á anois, anois foighid ort, a Jó. Foighid ort. Sin sleais. Bleadar! Bleadar
muice is poll air. Ná creid na scéalta sin a Jó, a dhiabhail, ná creid.
Is amhlaidh a cumadh an scéal sin. *Cowboy* eicínt a chum é sin siúráilte.
As teach óil eicínt a tionlacadh an scéal sin cinnte. Caint chabhantair.
Cén chaoi, tá sé i mbéal chuile dhuine! Nach brobh a thionsclaíonn beart,
a Jó. Á, ní phléascfadh sé suas san aer mar sin, a Jó, dá gcuirfí poll ina
thóin. Go dtuga Dia ciall dhuit. Nach raibh poll ansin cheana, caithfidh
sé. Poll chomh mór is go n-éireodh an ghrian as déarfadh daoine. Á sin
anois scéal an-mhímhúinte. Caith in aer é mar scéal. Ar ndóigh, is fear
a bhí ann, a Jó, is ní balún, fear a bhí ann sul má phléasc sé – ar nós fear
ar bith. Fear a bhí i dtosach ann. B'fhéidir gur phléasc sé mar gur at
rómhór cosúil le balún, ach fear a bhí ann siúráilte dearfa . . .

Brú ón taobh istigh? Tharlódh gurb ea ceart go leor, a Jó. An iomarca
brú. É séidte . . . ag méadú leis de shíor . . . mar a bheadh ag fiuchadh,
ag cur thar maoil agus gan é in ann fairsingiú dá réir. Ó, is dóigh gur
agat atá an ceart, a Jó. Chaith sé tabhairt uaidh luath nó mall. Géilleadh
agus stróiceadh sna taobhanna. Ar ndóigh, ní fhéadfadh sé an *pressure*
damanta a sheasamh nóiméad amháin níos faide. Phléascfadh dealbh
mharbh chloiche fiú faoi straidhn mar í. Agus ól? Sea, cinnte a Jó, abair
é. Dheamhan dabht ar bith ach go raibh baint ag an ól leis freisin.
Nach mbíonn i gcónaí, sna cásanna seo. Bíonn baint ag ól le chuile
mhí-ádh is clampar, bíonn sin. Ach nach mór an mhaith go raibh sórt
údair aige, dá laghad é. Is mór, a Jó. A dhiabhail, dá bpléascfadh sé
gan fáth gan údar nach mbeadh rudaí ina gciteal . . .

Jab, an ea? Níor chuala mé go raibh. Cén sórt fear é fear gan jab? Deirtear nach raibh aon jab aige, nach raibh a leithéid uaidh, ach mura raibh féin nach raibh sé díomhaoin . . . Ealaín eicínt, a deir siad. Ag obair le healaín? Ag plé le healaín a Jó, ag plé . . . Ealaíontóir a bhí ann ceart go leor, deirtear, ealaíontóir mór le rá freisin más fíor cuid de na tuairiscí. Bhréagnaigh tuairiscí eile iad, ar ndóigh. Nach mbréagnaíonn i gcónaí. Sín é aríst é. Lucht a cháinte chuile orlach chomh tiubh le lucht a mholta. Anois ná fiafraigh díomsa cén fáth. Ní thuigimse an ealaín seo rómhaith ach oiread. Níl aon fhoghlaim mar sin ormsa. Ach cibé cén sórt ealaíne a bhíodh ar bun aige, bhíodh sé ag déanamh rudaí . . . rudaí aisteacha. Bhíodh muis, rudaí fíoraisteacha ar fad . . . rúdaí áirid gan mheabhair . . . rudaí nach raibh maith ar bith iontu dúirt daoine. Deamhan maith ná maoin, a Jó, nó . . . nó gur tháinig *yank* chuige lá amháin agus gur cheannaigh crann uaidh . . . crann . . . cén sórt crann an Phápa? Anois, a Jó, fág as crann an Phápa, nár loic sé sin . . . ní hea, muis, a leidhb, ach crann a rinne sé féin as *wire*. Sea, cheannaigh an Meiriceánach mór seo crann uaidh a bhí déanta as *wire*, go deimhin féin ní *wire* ach *barbed wire*, mar bharr ar an mí-adh. *Barbed wire* ar nós an *wire* deilgneach sin a d'fheicfeá timpeall ar bhalla príosúin. Lab airgid! Ó sea, a Jó, tá an ceart agat. Deile. Deirtear go bhfuair sé lab mór dollar ar an gcrann *wire* . . . sea, a Jó, rud nach bhfaigheadh choíche ar chrann an Phápa, fiú dá bhfásfadh sé féin. Anois céard a déarfá le Gaillimh?

Mairg nach mbeadh foraois *wire* ag duine . . . bheadh ina *mhillionaire* i gceann bliana, ina *mhillionaire* féin, a mhac. Dúradh freisin gur fhás an crann *wire* i Meiriceá, go bhfuil crainnte *wire* ag fás as éadan a chéile thall ann. Thiocfadh dóibh. Anois céard déarfá, a Jó? Fág ag na *yanks* é, a mhac. D'fhásfaidís siúd rud ar bith beo, fiú trá fheamainne amuigh sa spás . . . Anois nárbh ait é crann *wire* an ealaíontóra mhóir. Ach ba é a chriog freisin é. Ba é a chuaigh sa gcloigeann aige sa deireadh. Murach a chuid ealaíne, agus an crann *wire* ní móide go bpléascfadh sé ar chor ar bith. Is iomaí crann a loic . . . ach cé mhéad duine a phléasc?

Fíor dhuit, a Jó. Tharlódh sé gurb amhlaidh a mhéadaigh a chloigeann rómhór. Tarlaíonn sé . . . nuair a éiríonn daoine mór le rá. B'in a bhain dó seans. An brú. Sea, agus an brú a lean é agus é á thimpeallú féin. Ag breathnú go cam thar a ghualainn i gcónaí ar ealaíontóirí eile.

Níor leor dó a bheith mór. É ar a mhíle dícheall ag iarraidh a bheith níos mó le rá ná iad uile le chéile. Iadsan chuile áit roimhe mar sin féin. Sráideanna na cathrach breac leo. Chuile chúinne ina mbeadh áit suí nó seasaimh, iad ag cruthú áit *lie down* dóibh féin . . . iad tite caite go sraoilleach ansin . . . shílfeá go mba leo an áit . . . céimeanna dá gcuid dindiúirí féin bronnta acu orthu féin . . . iad dá ndíol féin is a gcuid ealaíne thar a chéile. Orthu seo a bhí an aird chéadfach ar fad, a Jó. Sluaite móra ag cruinniú ina dtimpeall ón mbainisteoir bainc go dtí an *yahoo* – ag scrúdú a gcuid ealaíne, á moladh go haer chomh maith agus dá mbeadh scil acu ann, ag áiteamh go mba mhaith ann iad, gur mhúscail spiorad beo na cathrach . . . agus gan ina bhformhór mór ach, ach, ach . . . *Piss artists* . . . Sea, a Jó, bhain tú as mo bhéal é. *Piss artists*. Ná fliuch do bhéal aríst leis an bhfocal, maith an fear. Is nach ndeirtear gur áitigh ceann acu ar mo dhuine go mba ealaín nuachruthaitheach é an sruthán fuail a rinne a ghadhar gioblach ocrach – a bhíodh síoraí á leanacht – ar *kherb* na sráide. Sháraigh sé siar ina bhéal gurbh ea. B'in a chuir in aer ceart é. Cén t-iontas gur phléasc sé mar *spite* le n-imeacht as bealach an bhruscair sráide seo, iadsan ag sú a ghradaim uile uaidh thar a chéile. Chaithfeadh sé pléascadh, b'fhéidir . . . é féin a mhapáil aríst, a ghradam is a onóir a athghabháil. É féin a iompú isteach ina ealaín a bhí uaidh, a dúradh, chuile bhall beo dhó . . . . Pléascadh ansin. Gan fógra, gan foláireamh, gan foscadh i bhfianaise slua ollmhór na cathrach – *modern art* a thug siad ansin ar a chuid píosaí. Thug ar m'anam. Ghlac siad ansin leis nuair a fuair isteach sa straois é – suas díreach faoi na *smellers*. Chaith siad glacadh leis agus é pléasctha ina smidiríní. M'anam gur chaith, a Jó. Anois, tá sé acu – mapáilte ar fud na cathrach. Coinnídís é. Coinnídís anois é . . .

Choinnigh dá mbuíochas. B'fhéidir nach raibh sé uathu agus é beo ach *by dad* murar ghlac siad leis ina sciotar smeadar nuair a phléasc sé ní lá go maidin é. Baill acraí uile na cathrach th'éis glacadh siar sa straois leis – suas díreach faoi na polláirí, arae raideadh píosaí agus dabannaí dá chorp gréiseach trasna chuile bhuildeáil agus chuile shráid in easnachaí gréasánacha na cathrach. Chaith daoine cur suas leis ansin, a Jó, chaith sin – ruainne de phutóg anseo, méar coise nó láimhe ansiúd . . . duáin smeadráilte ar lampa sráide, leathchluais greamaithe bun os cionn de gheata na reilige, ionga nó dhó leathbháite i ndoras na hAmharclainne Náisiúnta, píosa dá scamhóg brandáilte ar phosta na páirce peile . . . thuas ar chrois stua na hardeaglaise a ghreamaigh ceann dá chuid magairlí – anois nár dheas an áit í – an dara ceann le n-aimsiú fós, sluaite ag fuadraíl thart dá chuartú mar a bheadh tóraíocht taisce acu ann . . . é ráite go bhfuil gníomhaire as banc *sperms* i Meiriceá ina measc – go bhfuil mná saibhre bunaosta Mheiriceá sásta na mílte punt a thabhairt ar shíol dá chuid lena leasú. Síol an ealaíontóra mhóir! . . . Beidh sé fánach acu, a Jó, faoi seo, beidh . . . Barr a ghléis buailte suas ar phríomhbhalla chlochar na *nuns* . . . an dá *nun* óga atá fanta ann ag sciotraíl, na sean-*nuns* ag déanamh iontais fós dó . . . fios curtha acu ar an ardeaspag leis an gclochar a bheannú aríst ó bhunchloch go cloch phréacháin agus dhá bhigil speisialta a dhéanamh as cois a chéile . . . ruainne dá chroí leandáilte ar bhrainse bainc eicínt, leathshúil leis ar dhíon Theach an Ardmhéara, mar a bhfeiceann a bhfuil ag tarlú, slis dá thóin buailte suas ar oifig an dóil mar a mbíodh sé ag saighneáil chuile Mháirt, stráice dá chraiceann greamaithe de bheairic na ngardaí – iad ag cuartú *fingerprints* ar fhaitíos *foul play* . . . píosa dá bhlaosc ar dhíon leab na hollscoile – iad ag tarraingt *chart*annaí dó cheana féin ag súil le scil a bhaint as – ó drochbhail cinnte, a Jó. Drochbhail. Fíor dhrochbhail. Is maidir leis an gcuid eile dó, ní móide go n-aithneofaí thar a chéile é, matáin, feoil, fuil, uisce, cnámha, craiceann . . . ina smidiríní smior smúsach ag plástráil strácaí móra den chathair – sráideanna, lampaí solais, boscaí teileafóin, stopannaí busannaí, trasnáin *zebra*, scáileáin ollmhóra fógraíochta, ainmneacha siopaí, scoileanna, dealbha mairtíreach . . . ó dheamhan ar éalaigh aon bhall de dhroim na cathrach, a Jó, mura mbeadh prochóigín clúideach de chúlsráid nó leithreas poiblí . . . Slánaíodh leithreas poiblí na mban deirtear . . . É cruthaithe anois go mba fear ban a bhí ann ar a laghad . . .

Ó b'aisteach an feic é. An chaoi ar fágadh ansin é. Gan gadhair strae ocracha na cathrach féin sásta fiú drannadh leis agus a gcuid bolg ag feadaíl ríleanna ceoil le hocras. Is dóigh nach ionann feoil chantalach phléasctha ealaíontóra, a Jó, agus feoil ar bith eile. Col dearg ag gadhair le chuile fheoil ó shin dá bharr mar sin féin. É ráite go bhfuil siad ag iompú isteach ina *veggies* in aghaidh an lae . . . iad a bháinneáil timpeall agus a smut san aer acu le strainc déistin.

Dúradh ar dtús, ar ndóigh, gur cheart é a chur ar ais ina chéile aríst
. . . Dúradh ar m'anam, go bhféadfaí é a fhuáil ach na píosaí ar fad a
chruinniú le chéile. Ceapadh go mb'fhéidir go bhféadfadh an rialtas
airgead speisialta géarchéime a fháil ón Eoraip agus daoine dífhostaithe
a fhostú ar scéim FÁS . . . lena chuid píosaí a fhuáil is go bhfásfadh sé
féin isteach ina chéile aríst . . . Á dúradh, a Jó, dúradh, ach tá go leor eile
ráite freisin, nach bhfuil . . . Tá. Bhí dochtúirín beag buí thuas san ospidéal
a bheadh in ann b'fhéidir an dé a chur ar ais aríst ann. Bhí sé míorúilteach.
Bhí an dá b'fhéidir ann . . . Bhí, a Jó, ach sílim go mb'fhearr liom mo
chuid airgid a chur ar an dara b'fhéidir. B'fhiú é 'sheansáil ar aon chaoi.
Níor seansáladh. Ach oiread le humpidí dumpidí fadó. . . Vótáil Bardas
na Cathrach ina choinne d'aon ghuth. Áitíodh ansin gur le faitíos é – an
dochar a d'fhéadfadh sé a dhéanamh dá mbeadh sé beo aríst . . . B'fhiú
a thrí oiread *scatter*áilte marbh é measadh. Ach bhí cúis eile ann, a Jó,
idir mé féin is tú féin. Árachas! Na milliúin punt árachais nach bhféadfaí
a tharraingt choíche de bharr damáistí dá dtiocfadh ina bheo aríst. Anois!
Ach níorbh in an leagan oifigiúil, ar ndóigh . . . Bheadh sé éagórach ar
an ealaíontóir, a mhaígh an Bardas. Ba é a thoil féin pléascadh ag an
nóiméad áirithe sin dá shaol – é ag cur tús le ré nua i stair chultúrtha na
cathrach agus ina stíl phearsanta ealaíne féin. Cinneadh coinsiasach
pleanáilte a bhí ann dó, a dúradh. Buaicphointe a roghnaigh sé féin.
Ó dhéanfadh daoine rud ar bith, a Jó . . . Dhéanfadh scaití . . . Ar thóir
aitheantais agus poiblíochta. A ainm le cur sa n*Guinness Book of Records*
ar an gcéad chló eile. Nach bhfuair sé aitheantas ina chathair dhúchais
féin freisin dá bharr. Nach in rud mór. Saoirse na Cathrach a ceiledah
faoi dhó cheana air bainte amach anois aige dá mbuíochas le lámh láidir.
Bhí. Bhí muis. B'in uile a raibh uaidh ó thús dúradh, dá dtabharfaí dó é
. . . Aitheantas . . . Taispeántas . . . Olltaispeántas . . .

Olltaispeántas beo dó féin ina measc – agus é marbh! Na céadta píosa
ealaíne nach bhféadfaí a luacháil, ní áirím a dhíol ná a cheannacht. Iad
bronnta ar an gcathair. *Modern art* ceart, a Jó, ag úsáid a acmhainní nádúrtha
dúchasacha féin. Scuabadh an tAire Breac-Ghaeltachta, Cultúir agus
Ealaíon abhaile óna shaoire gréine thar lear le go n-osclódh an taispeántas
go hoifigiúil – fad a bhí an t-ábhar úr friseáilte a dúradh. Ó tugadh cinnte,
a Jó. Nach bhfuil mé dá rá leat. Tionlacadh abhaile é ceart go leor.

D'áitigh sé go mba ghailearaí ornáidithe maisithe ollmhór amháin amuigh faoin aer í an chathair anois. Nach bhféadfaí lámh ná cos a leagan ar aon bhuildeáil as seo amach. Anois! B'fhiú duais í. Mhéadódh a cáil fós thar teorainneachaí na tíre seo dá bharr . . . mianach mór turasóireachta agus airgid don dúiche mórthimpeall. Tharraingeodh na mílte turasóirí fiosracha . . . ó dúirt sé, a Jó, go dtarraingeodh . . . Lán busannaí dúbailte ag dul go hacastóirí lena gcuid ualaí troma . . . Seapánaigh bheaga bhuí lena gcuid videónna láimhe. Mná meánaosta leathantónacha Meiriceánacha lena gcuid *spyglasses*. Gearmánaigh óga arda bhána lena gcuid ceamaraí ag síorchliceáil . . . Treoraithe oilte traenáilte á 'spáint timpeall na cathrach ar bhusannaí barroscailte. Is fíor dhuit, a Jó, fág faoi na turasóirí é. Bheadh sé éasca iad sin a shásamh. Dallamullóg a chur orthu. Ach na saineolaithe, a Jó. Na saineolaithe! Sin iad an dream a'd. Iad ar fad ag seasamh ar chosa a chéile ag iarraidh scil a bhaint as na píosaí . . . chuile eolaí is shaineolaí dá bhfuil sa tír – sa domhan dá n-abrainn é, paiteolaithe, aigne-eolaithe, síceolaithe, socheolaithe, antraipeolaithe, gé-eolaithe, corpeolaithe, tóineolaithe, fualealaíneolaithe . . . Ní hé chuile lá a phléascann fear, a Jó. Nach in a d'áitigh siad. Iad ar fad ag baint a scil féin as . . . taighde nua as an bpíosa, an méid léachtaí atá le tabhairt, an méid leabhra atá le scríobh, an méid cláracha teilifíse atá le taifeadadh . . . gá le gardaí slándála breise cheithre huaire is fiche sa ló nó scuabfaidís dabannaí dó leo i málaí plaisteacha mar shamplaí . . .

An mar sin é, a Jó? Go bhfuil siad ag dul ag déanamh *monument* dó? *By dad*, sin anois ceann nua. Ach thiocfadh dóibh ar m'anam. Thiocfadh dóibh. Trasna ón áit ar phléasc sé ar ghrua na cearnóige? Fiche míle punt ceadaithe ag an Aire lena aghaidh cheana féin as cúlchiste speisialta eicínt a bhí i bhfolach go dtí seo? An Eaglais ag cur a oiread eile leis, punt ar phunt. Dhá bhailiúchán agus mórbhailiúchán speisialta cabhrach ag doirse na séipéal chuile Dhomhnach. Féach é sin anois. Féach é sin, is chomh gann is atá airgead. B'fhéidir go dtiocfadh an Pápa go hÉirinn aríst lena nochtadh, an ea? Lucht creidimh ag *claime*áil anois gur fear beannaithe a bhí freisin ann. Mairtíreach. Déanfaidh siad scrín faoin *monument* le beannacht an Bhardais. Go rabhthas ag súil go ndéanfaí naomh fós de, an ea? Go raibh cairdinéal nó ardeaspag eicínt ar a bhealach le teannadh ón Róimh cheana féin ag déanamh taighde ar an gcás.

Bheadh naomh dár gcuid féin ansin againn . . . Bheadh, a Jó, bheadh, don té a bheadh dá iarraidh. Daoine á leigheas . . . Ráflaí ag dul thart cheana féin go raibh míorúiltí ar tí tarlú, nach raibh ann ach a bheith foighneach . . . lá ar bith feasta. Súil an-ghéar á coinneáil ar lucht cathaoireacha rothaí agus ar easláin a raibh breith bháis tugtha ag tinneas éigin orthu. An chléir ag áiteamh go mba reilig de thaisí naofa amuigh faoin aer iad na píosaí uile. D'fhéadfadh mná rialta an chlochair éirí as a gcuid paidreoireachta . . . go gcaithfidís freastal anois ar na sluaite ocracha a bheadh ag teacht ar oilithreachtaí chuig an scrín – cruit orthu á gcoinneáil *feed*áilte le *chips* agus *hotdogs* . . . Scuainne pruibíní gorma *rent-a-loo* timpeall na cearnóige le coinneáil glanta sciúrtha ar mhaithe le cúrsaí sláinte. Iad ag cur thar maoil, ainneoin táille a bheith ar gach úsáid. Brabach mór á charnadh ag na mná rialta le cabhrú le páistí bochta gorma na hAfraice.

Is, a Jó, ní fhaca tusa an fear a phléasc? Nach diabhaltaí aisteach anois nach bhfaca. Chonaic chuile dhuine eile é muis, daoine nach raibh i láthair fiú, daoine nach raibh sa gcathair beag ná mór an lá úd. Ó chonaic siad é, a deirim – nó dúirt siad go bhfaca. Ar ndóigh, b'fhéidir gur ar an teilifís a chonaic siad an oíche sin é, an scéal ar chuile nuaíocht – agus gur cheap siad gur i láthair a bhí siad, go bhfaca siad ag pléascadh beo é – is furasta do dhaoine a bheith dearmadach, a Jó, go háirithe ar na saolta seo. Is fíor dhuit, a Jó, tá an ceart agat. Sin é aríst é. Tá daoine ann agus d'fheicfidís rud ar bith. Tá. Tá siad ann. Dream drugaí. *Junkies*. Cleas a bhíonn á bpumpáil féin le drugaí lá is oíche. Ara b'fhurasta dóibh siúd an fear a phléasc a fheiceáil san áit nach raibh siad féin ná é féin ariamh. Anois tá tú ag caint. D'fheicfeadh dream drugaí rud ar bith – fiú dreoilín ar fhuinneog ar maidin is é ag daimsiú ríl . . . Mhionnódh is mhóideodh siad freisin go bhfaca. Bheadh daoine níos measa ná sin ann a chreidfeadh iad. A leithéidí is túisce a chreidfí, a Jó . . .

Ach tá iontas orm mar sin féin nach bhfaca tusa é . . . do dhuine staidéarach mar thú nach dtéann mórán thairis. Cheap mé muis go bhfaca, go raibh sé feicthe ag chuile dhuine . . .

Go díreach glan. Nach in é a deirimse freisin i gcónaí, a Jó. Ná feic rud nach n-oireann dhuit is nach mbaineann leat. Feicfear é d'uireasa, feicfear sin . . .

Ach d'aithneofá é mar sin féin, is dóigh, dá bhfeicfeá é? Ó, níl tú baileach cinnte! Nach bhfuil anois, muis. Bheadh iontas orm muna n-aithneofá fear a phléascfadh – é mar a chéile dáiríre le fear ar bith eile againn, is dóigh, ach amháin go mbeadh sé pléasctha ina phíosaí . . . Muise, is aisteach liom mar sin féin nach bhfaca tú é, a Jó . . . dáiríre . . . mise cinnte dearfa go raibh sé feicthe ag chuile mhac máthar sa gcathair. Ach amháin a'm péin.

SEACHT gCÉAD UAIREADÓIR

BB '85

SEACHT GCÉAD UAIREADÓIR

Tá siopa, más siopa é, in áit eicínt sa gcathair seo, nach mbíonn oscailte ach lá amháin sa mbliain. Ní nach ionadh, ní thiteann an lá áirithe úd ar an dáta céanna chuile bhliain, rud nach mbeadh éasca ós rud é go bhfuil chuile bhliain ag caraíocht le cosamar agus trí chéad seasca cúig lá. Ar ndóigh, níl a fhios ag mórán cá bhfuil an siopa áirid seo, agus maidir leis an dream úd a bhfuil an t-eolas acu, coinníonn go docht faoina gcraiceann é. Is cuma leo faoi, agus go deimhin faoi gach mac máthar eile chomh fada agus go n-éiríonn leo féin é a sheachaint. É a sheachaint agus fanacht glan air.

Tá fios a ngnaithe acu, creideann siad, agus is cuma leo. B'fhéidir gur cuma leatsa freisin má tá tú chomh dona leo, ach ní cuma liomsa. Shiúil mé isteach ann lá as mo stuaim féin le mo dhá chois féin – lá dá raibh mé sa gcathair. Sin é an fáth nach cuma liomsa níos mó, agus má bhíonn sé de mhí-ádh ortsa go gcasfar isteach ann thú, beidh tú sa gcás céanna. Istigh ann atá mise anois – i mo sheasamh anseo: ag fanacht leatsa . . .

Bhí mé sa gcathair an lá áirithe seo agus mé ag siúl liom. Lá de na laethanta seafóideacha sin a thóg mé ar iasacht mar nach raibh mórán ar m'aire, nó tada ar bith beo ar m'aire bhí sé chomh maith dom a rá. Tuigeann tú féin. Leiciméireacht timpeall, gan tuairim agam cén spéir ba ghaire dom, síos sráid amháin, suas an dara sráid, trasna sráid eile fós, agus uaireanta b'fhéidir mé leath bealaigh síos sráid eicínt – nach raibh mé ach th'éis dul suas ann cúig nóiméad roimhe sin – sula dtabharfainn faoi deara go raibh mé ann cheana. Bhí mé chomh ar nós cuma liom brionglóideach sin. Cinnte b'éasca fanacht sa mbaile mór ná a theacht as mar a dúirt an fear fadó. Agus lean mé orm ag fálróid liom go cruógach. Stopainn anois agus aríst le súil a chaitheamh ar fhuinneog sráide eicínt, le praghas eicínt a sheiceáil sula ndéarfainn liom féin go raibh chuile rud ródhaor, le breathnú ar bhall troscáin eicínt nach raibh uaim, le n-éisteacht le píosa ceoil i bhfad i gcéin a bheadh á phumpáil amach le teannadh thar thairseach siopa eicínt. Sea, b'in an bealach díomhaoineach a bhí liom an lá seachránach fálróideach úd. Mé go hard san aer. Bhí m'intinn saor nó b'fhéidir ar strae, í idir bhrionglóidí beo agus samhlaíocht agus scaití gan m'intinn féin fágtha agam fiú le bacadh leis . . .

Ach bhí mé sásta ar chúis eicínt nár thuig mé. Ba chuma liom faoi rud ar bith beo – ná marbh – nó ba chuma ba cheart dom a rá nó gur casadh síos i gcaochshráid mé. Síos i *gcul-de-sac* chuig siopa áirid aisteach ar a raibh doras beag buí. Chinn sé orm ar dtús an t-ainm a bhí air a léamh agus nuair a theann mé ina aice thug mé faoi deara nach raibh ainm ar bith air – rud a chuir ar bís m'fhiosracht. Ní raibh san fhuinneog dhorcha ach clog mór den seandéanamh, é stoptha; clog nach bhfeicfeá a leithéid in aon áit sa lá atá inniu ann mura mbeadh fágtha i gcúinne i seanchlochar dúnta mná rialta nó stóráilte i siopa earraí seandachta. Sea, a deir mé liom féin, b'fhéidir go bhfuil tada spéisiúil istigh san áit seo agus ó tharla píosa den tráthnóna le n-ídiú agam bhuail mé isteach ag brú an dorais romham. Doras gíoscánach. Isteach liom go ciúin réidh. Níor mhaith liom ariamh mórán torainn a dhéanamh ag dul isteach i siopa, a tharraingeodh aird úinéara ná freastalaí – go háirid agus gan é ar intinn agam tada a cheannacht.

A mhic ó! Deoraí na ngrást ní raibh istigh, nó má bhí ní raibh le feiceáil – ach seanphruchóigín de shiopa míshlachtmhar agus na céadta uaireadóirí ar fad, leagtha ar gach seilf, ar gach cuntar, i ngach scailp agus fiú crochta ón tsíleáil san áit nach raibh aon áit eile lena stóráil ná lena leagan – na céadta uaireadóirí, b'fhéidir na mílte . . . Bhain mistéir draíochta leo, agus go háirithe leis na tonnta siosctha *tic toc tic* a rinne siad go léir le chéile, nó an chuid acu a bhí ag obair ar aon nós. Bhí siad ar fad, cheapfá, ag fosaíocht a chéile go rúndiamhrach agus uimhreacha nó marcanna gach uaireadóra mar a bheadh dhá shúil déag ann ag cigireacht na n-uaireadóirí a bhí ina dtimpeall. B'fhactas dom gur bhain mar a bheadh uaisleacht le gach uaireadóir ar leag mé súil air, agus saint mar a bheadh gach ceann bródúil as a spás glórmhar lonrach féin. D'fhéach mé ó uaireadóir go huaireadóir, ó shraith go sraith, ó sheilf go seilf, ó bhun go barr agus ó bharr go bun arís. Tada ní raibh le rá agam liom féin ar feadh ala ama, ach mé ag sú isteach a raibh os comhair mo shúl. Ní raibh i mo dhomhan uile ach na huaireadóirí rithimeacha seo, mo shaol féin mar a bheadh ina lánstad. Ghlac mé sórt misnigh chugam féin ansin. Rug mé ar cheann de na huaireadóirí agus thosaigh á fhéachaint.

"Tú féin atá ann!" Baineadh geit asam. D'iompaigh mé thart go bhfeicfinn cá as a tháinig an guth . . .

Bhí sé ligthe amach ar an gcuntar agus a dhá láimh faoina dhá leiceann agus iad mar a bheidís á choinneáil suas. Bhí an chuma air, le breathnú air ón áit ina raibh mise, gur cruiteachán d'fhear a bhí ann, ach b'fhéidir go mbreathnódh sé difriúil dá mbeadh sé ina sheasamh suas díreach. Bhí sé tanaí feosaí, le cloigeann triantánach plucach, a chuid gruaige gorm a bhí ag teannadh siar chomh sliobarnach casta sin is go gceapfá gur le píce a cuireadh ar a mhullach í, a chuid malaí móra dubha ag fás amach díreach, fiáin beagnach, agus a éadan chomh rocach le craiceann seanainmhí. Bhí fonn orm láithreach gáire a dhéanamh faoi, agus ceist a chur air ar chíor sé a chuid gruaige le cíor ariamh. Ar ndóigh, níor chuir. Níor thaithin sé liom – ach ar ndóigh ní dhúirt mé sin leis. Ní dhéarfása ach oiread, an ndéarfá?

"Díreach ag breathnú thart," a deir mé ag piocadh suas uaireadóir eile, agus suim an domhain agam inti, mar dhea. B'fhearr liom go mór fada a bheith ag breathnú ar an uaireadóir ná ar a éadan siúd lá ar bith den tseachtain. Nuair a d'ardaigh mé mo chloigeann aríst bhí a dhroim liom – go mímhúinte, cheap mé – agus é mar a bheadh ag *wind*áil ceann de na huaireadóirí. Rug mé fhéin ar uaireadóir eile, agus ar cheann eile fós. Ba spéisiúil liom a ndéanamh, a ndath, a gcruth, a meáchan, a bhfuaim. Chuir sé iontas orm a laghad spéise a bhí ag mo dhuine ionam, ach é go fústrach ar chúl an chuntair ag baoiteáil le cloig agus le huaireadóirí. D'fhair mé é trí chúinne mó leathshúile. Nuair a bheadh ceann acu *wind*áilte aige, leagfadh sé uaidh é, bhreathnódh timpeall, dhéanfadh staidéar beag bídeach agus phiocfadh suas ceann eile, agus ceann eile agus ceann eile fós . . . Lean sé air mar sin go tostach ar feadh tamaill fhada. Bhí mé ag ceapadh i gcónaí go nglaofadh sé orm, ag iarraidh uaireadóir a bhrú orm agus a dhíol liom mar a dhéanann a leithéid go minic, ach ar bhealach ait eicínt ba chosúil gur chuma leis ann nó as mé fad a bhí cead a chinn aige féin a bheith ag guairdeall leis, ag tarraingt uaireadóirí chuige agus á dtochras leis go muiníneach. Bhí mé sásta mar b'fhearr liom an diabhal dubh ná dá mba duine de na díoltóirí borba seo a bheadh ann a chuirfeadh iallach ar fhear caillte polasaí árachais saoil a cheannacht. Má bhreathnaigh sé aisteach gránna féin, ar a laghad d'éist sé liom agus lig dom na huaireadóirí a iniúchadh liom.

Is an bhfuil a fhios agat nár airigh mé tamall den lá ag éalú uaim agus mé ag breathnú orthu, agus ag déanamh iontais dá n-éagsúlacht.

Ach b'fhacthas dom go raibh trí ní ag dul ó mheabhair orm – bhí mé cinnte nach bhfacá mé aon phraghas marcáilte ar oiread agus ceann amháin acu agus, níos aistí fós, nach raibh an t-am céanna ar aon dá uaireadóir. Neartaigh sin m'fhiosracht. Bhreathnaigh mé timpeall arís agus arís eile, ach chinn orm aon phéire a aimsiú a bhí ar aon bhuille. Meas tú, a deir mé liom féin, an amhlaidh atá siad ar fad ag coimhlint lena chéile, ag rásaíocht thar a chéile nó ag iarraidh a spás agus a n-am santach féin a chruthú dóibh féin amháin – neamhspleách ar an gcuid eile? Nó b'fhéidir gur ag obair as lámh a chéile atá siad, le chuile shoicind beo den am a chlúdach. Nó mar sin is ag iarraidh a bheith ag magadh fúmsa, agus faoi chuile dhuine eile atá siad – ach amháin gur cosúil nach dtagann éinne beo eile a mbíonn aon chiall aige isteach anseo. Ach cén fáth, a d'fhiafraigh mé díom féin, má tá siad in ann am a choinneáil, mar a bheadh uaireadóir cneasta, a mbeidís ag imeacht craiceáilte mar seo, más craiceáilte atá siad . . .

Ach cén t-am de lá é ós ag caint ar an am é, a d'fhiafraigh mé díom féin ag breathnú ar m'uaireadóir. Ceathrú den dó! Buinneach! Cén sórt ceathrú den dó. Ná habair go raibh sé stoptha. Chuir mé mo rosta le mo chluais. Deabhal gíog. Chroith mé mo lámh . . . D'éist. Chroith mé aríst í. Bhí an gadaí stoptha ceart go leor. Anois céard a dhéanfainn, gan a fhios agam cén t-am den lá a bhí ann is gan timpeall orm ach tréad uaireadóirí nach raibh le trust, má bhí aon mheabhair le baint as a gcuid geáitsíochta. Dá gcuirfinn ceist ar mo dhuine ba chinnte go dtriallfadh sé uaireadóir a dhíol liom. Bhí sé ag breathnú orm cheana féin mar a bheadh a fhios aige go maith go raibh mé i bponc.

"Tá tú gan am," a deir sé agus é ag leagan uaireadóra uaidh agus ag piocadh suas ceann eile. D'aontaigh mé leis. Céard eile a d'fhéadfainn a dhéanamh.

"Dá dtabharfá aire cheart dó," a deir sé, "ní chlisfeadh sé ort."

"Cén sórt aire cheart! Céard a theastaíonn ó uaireadóir ach é a wind*áil. Ar ndóigh ní páiste é a gcaithfeá *sudocream* a chuimilt dá thóinín tinn faoi dhó sa lá!"

"Á, níl sé chomh simplí leis sin," a deir sé agus é ag croitheadh a chinn go díomách. Bhí uaireadóir eile aimsithe aige. "Faoin am atá mé ag caint, ní faoin uaireadóir."

Níl mé ag dul ag argóint leis, a dúirt mé liom féin. Ba é an cineál duine é a gceapfá dhó nach raibh uaidh ach argóint ar mhaithe le hargóint – agus b'in an rud deireanach a bhí uaimse. Chuimhneoinn ar leithscéal eicínt le bheith ag gliondáil.

"Cén t-am é, ar aon nós?" a d'fhiafraigh mé de go múinte.

"Cen t-am atá uait?"

"Cén sórt cén t-am atá uaim?" a deir mé agus beagáinín cantail ag teacht orm faoi seo, "cén t-am den lá atá ann?"

"Atá anois ann?"

"Sea anois, anois díreach, an nóiméad seo. Ní hé am an lae inné atá uaim." Bhí a fhios agam go raibh teannas ag sní isteach i mo ghlór.

"Ach nach mbraitheann sé sin ar an am atá ag teastáil uait?"

"Níl aon am ag teastáil uaim . . ."

". . . ach nár iarr tú . . ."

". . . níor iarr mé ort, ach an t-am a inseacht dom mar go bhfuil sé ag teastáil uaim."

"Agus céard le haghaidh a dteastódh am uaitse níos mó ar aon nós?" ar sé go leathmhagúil.

"An mbaineann sé sin dhuitse?"

"Ní hé nach mbaineann, ach ní thugaim m'am uaim do gach éinne gan údar, gan fios a bheith agam roimh ré céard le haghaidh a bhfuil sé uathu."

"D'AMSA!?"

"Sea m'amsa! Nach é m'amsa atá uait?"

"Is leatsa an t-am anois, is dócha!"

"Is cuma cé leis é, mar is agamsa atá sé." Labhair sé go húdarásach. "Murach gurb ea an iarrfá orm é?"

"Breathnaigh anseo anois, a mhac." Bhí mé ag éirí coipthe faoi seo agus táim cinnte gurbh fhurasta sin a aithint ar mo ghlór. "Níl uaim ach an t-am. Mura bhfuil tú sásta é a thabhairt dom, ócé, ach abair liom sin. Má tá, tabhair dom é, agus éirigh as do chuid *shite*áil. Ócé?"

"Ach cén chaoi a dtabharfainn am duit atá agat cheana féin . . .?"

". . . Níl an focin t-am a'm agus . . ."

". . . mura mbeadh cúis mhaith agam leis, mura n-inseoidh tú dom céard le haghaidh a bhfuil sé uait."

"Ócé! Céard le haghaidh é, céard le haghaidh an t-am . . . mar go bhfuil coinne ag mo bhean chéile leis an bhfiaclóir ag a trí a chlog."

"Coinne ag do bhean chéile bhocht leis an bhfiaclóir ag a trí a chlog?"

"Sea, go díreach. Le fiacail lofa a tharraingt más maith leat fios a fháil air sin freisin, agus caithfidh mise dul abhaile agus bealach a thabhairt di chomh fada leis an bhfiaclóir."

"Agus an bhfuil tú cinnte dearfa nach . . . nach agat féin atá an fhiacail lofa seo?"

Rug mé ar sheanchlog a bhí ar bhord le mo thaobh, agus rún agam gan aon fhiacail lofa ná slán a fhágáil ina dhrad aige, dá bhféadfainn breith ar mhuineál air.

"Am amú dhuit aon fhiacail a bhaint asamsa leis an gclog sin," a deir sé, go réchúiseach, "mar nach bhfuil agam ach fiacla bréige plaisteacha, agus níl aon cheann acu lofa ar aon nós, mar nach n-éiríonn fiacla bréige lofa. Coinním glanta le taos fiacla iad cibé é, ach inseoidh mé an t-am dhuit má tá coinne agat . . ."

"Ag mo bhean chéile a deirim, ag a trí a chlog." Leag mé uaim an clog agus mé ag cúlú beagán.

Bhreathnaigh sé timpeall. Stop sé. Bhreathnaigh timpeall arís. Ansin shín sé amach a lámh go staidéarach gur phioc suas ceann de na huaireadóirí a bhí os a chomhair.

"Tá sé a trí a chlog mar sin," a deir sé, á léamh ar nós cuma liom, agus ag caitheamh leathamhairc cam orm amach thar fhráma a spéacláirí.

"Cén sórt *mar sin*. Ara níl an t-uaireadóir sin ceart."

"Ó tá chuile uaireadóir beo atá anseo ceart," a deir sé de ghlór cineál crosta. "Tusa atá mícheart. Tá an t-am ceart ar chuile uaireadóir atá anseo. Ná maslaigh mo chuid uaireadóirí!"

"Tá, an bhfuil?"

"Tá cinnte, ach amháin ar an uaireadóir seafóideach atá ar do rostasa nach bhfuil am ar bith air – ach amháin am atá marbh stoptha nach bhfuil ann beag ná mór níos mó – agus ní hin am."

Bhí cantal ag teacht arís orm. Ní cantal ach cuthach, deargchuthach. Ach choinnigh mé guaim orm féin ar bhealach eicínt.

"Agus cuirim i gcás," a deir mé, ag iarraidh é a chur i sáinn agus le bheith chomh seafóideach díchéillí leis féin, "cuirim i gcás gur ag a ceathair a bheadh an choinne ag mo bhean chéile . . ."

". . . leis an bhfiaclóir, lena fiacail lofa a tharraingt."

". . . fág as na fiacla . . . dá mba ag a ceathair a chlog a bheadh an choinne, bheadh sé a ceathair a chlog anois is dóigh de réir an leagain amach atá agatsa?"

Tháinig mionmheangadh sonais ar a aghaidh.

"De réir leagan amach an tsaoil, a mhac. Ní hé mo leagan amachsa é! Ní mé a cheap é. Ach is é an leagan amach atá ann é," a deir sé. "Tá an ceart ar fad agat. Is maith liom a fheiceáil go bhfuil tú ag éirí meabhrach agus ag tuiscint na gcúrsaí seo ar deireadh thiar thall."

Níor fhreagair mé é. Cén mhaith a bheith leis? Cén mhaith a bheith leis a deir mé liom féin. De ghrá an réitigh cheannóinn uaireadóir – seans go mbeadh sé sásta – agus d'imeoinn liom i mo thintreach amach as an áit . . .

Bhí sé imithe ar ais in éadan a chuid uaireadóirí arís. Bhain mé díom m'uaireadóir féin le spadhar. Chroith mé go maith é. Chroith mé arís faoi dhó é ach deabhal gíog a bhainfinn as dá gcuirfinn crith talún faoina imleacán. D'fhéach mé timpeall ar na huaireadóirí eile arís nó gur phioc mé amach ceann a cheap mé a bhí cairdiúil réchúiseach go leor. Cheannóinn an ceann seo dá mbeadh an praghas réasúnta. Chuirfeadh sé an t-am ceart air seans agus d'imeoinn liom amach i mo bhealach féin i dtigh diabhail as an áit.

"Gabh mo leithscéal," a deir mé, lena aird a fháil.

"Ó, tá tú ansin fós," a deir sé, mar a bheadh cineál iontais air. "Cheap mé gur airigh mé thú ag iarraidh éalú amach an doras ar ball beag."

"Ceannóidh mé an t-uaireadóir seo," a deir mé, dá síneadh chuige, "má tá an praghas réasúnta."

"Ó, ní féidir é! Ní féidir é!" a deir sé ag croitheadh a chinn go díomúch. "Níl luach ná praghas ar aon uaireadóir atá anseo."

"Níl?"

"Ó níl, níl, an é nach dtuigeann tú nach bhfuil an t-am le díol? Cén fáth nach stopann daoine ag díol agus ag ceannacht an ama uair eicínt? Ní fhoghlaimeoidh siad go deo." Chroith sé a chloigeann go trom. Bhí cuma bhrónach greanta ar a aghaidh.

"Tá tú ag rá nach le díol atá na huaireadóirí seo anseo?"

"Ó ní dhíolfar aon cheann de na huaireadóirí seo go deo. Ar ndóigh, ní cheapann tú gur i siopa saolta atá tú anois."

Ní raibh a fhios agam céard a dhéanfainn. Bhreathnaigh mé idir an dá shúil air ag iarraidh a dhéanamh amach cén sórt *son of a gun* a bhí agam ann ar chor ar bith. Dá mbeadh braon ólta agam, bhuailfinn isteach ar an 'In Ainm an Athar' é le buille de dhorn. Ní raibh a fhios agam cé acu ab fhearr dom trua nó olc a bheith agam dó – ach thuig mé ar aon nós sílim nárbh aon bhrabach dom cur ina choinne níos mó.

"Agus munar siopa é seo, cén sórt áite í?" a d'fhiafraigh mé, chomh séimh agus a d'fhéadfainn.

"Nach dtuigeann tú fós?" a deir sé agus iontas an domhain air, "níl ann ach áit ina mbíonn uaireadóirí fágtha ag fanacht, mar atá tusa ag fanacht."

"Ag fanacht le céard?" a deirim agus mé ag rá liom féin faoi seo go raibh sé chomh maith dom a bheith múinte leis le bheith gránna leis má bhí aon mheabhair le baint as.

"Ó sin rud nach bhfuil a fhios agamsa," a deir sé, "bheadh ort ceist mhór mar sin a chur ort féin agus a oibriú amach duit féin nó ar na huaireadóirí seo anseo, agus ní móide go mbeidís sásta thú a fhreagairt. Tá an saol mór go léir ag fanacht agus ag fanacht agus ag fanacht agus gan fios beo againn cé leis go díreach a bhfuil muid féin ná an saol ag fanacht . . . ach go gcaithfidh muid a bheith ag súil gur rud eicínt iontach mór é agus nach fearr an fanacht seo anseo atá ar eolas againn ná é."

"Tuigim anois," a deir mé féin. "Tuigim," agus gan mé ag baint meabhair ar bith as a chuid caca. É féin agua a chuid fanacht . . . "Agus ní féidir leat oiread agus uaireadóir amháin acu seo a dhíol liomsa?"

"Ó níl sé ceart tada a dhíol," a deir sé de ghlór domhain, an brón trom le brath ina chuid cainte aríst. "Níl sé ceart tada a dhíol, is tá daoine ann a bhriseann an dlí sin ocht lá na seachtaine. Ó tá mé cinnte go bhfaca tú féin iad. Fógraí i ngach áit acu. Ag díol agus ag díol agus ag díol agus ag cur an phionna i ngach éinne. Díolann cuid acu na rudaí céanna faoi dhó agus faoi thrí nó go bhfaigheann siad an craiceann is a luach. Díolann daoine eile rudaí a ghoideann siad agus rudaí nach leo féin beag ná mór, agus tá daoine eile fós ann a dhíolann iad féin idir anam is chraiceann." Tharraing sé a anáil. "Ní bhaineann sé domsa," a deir sé, "ach tá súil agam nach duine acu sin thusa . . ." Tharraing sé anáil eile, sul má labhair. "Ach is féidir leat rud amháin maith a dhíol," a deir sé, agus d'aithin mé air go raibh sé sásta as chomh grinn cúramach is a bhí mé ag éisteacht leis, "is féidir leat d'uaireadóir stoptha a dhíol liomsa anois díreach má thugann tú scór punt dom."

Stop mé. Tharraing mé m'anáil. Thóg sé nóiméad orm an sórt tairisceana seo a shú isteach. Bhí mé ag dul glan as mo mheabhair.

"Is féidir liom . . . m'uaireadóir féin . . . a dhíol leatsa!" a deir mé go stadach, "má thugaim scór punt duit freisin. Ach ní bheidh uaireadóir stoptha ná airgead agam ansin. Ní díol é sin! Sin robáil. Deargrobáil."

"Ó, b'fhéidir nach díol é sa ngnáthchiall den fhocal atá ag daoine strae, ach is é an rud is cirte é a d'fhéadfá a dhéanamh ag an nóiméad seasc seo de do shaol. An soicind seo! Agus cuirfidh mise d'uaireadóir ag imeacht aríst. Nach in atá uait?"

Mar a dhéanfadh amadán, is níl a fhios agam fós cén fáth, thóg mé an scór punt deireanach a bhí agam aníos as mo phóca, gur shín mé an nóta airgid agus m'uaireadóir chuige . . . Is an bhfuil a fhios agat rud eicínt, ach go raibh mé réasúnta sásta leis an margadh cé nár thuig mé cén fáth. Chaith mé seile ar mo bhois. Chroith lámh fháisciúil leis.

Rug sé ar m'uaireadóir ansin. Níor bhreathnaigh ar chor ar bith air, ach d'fhéach timpeall ar gach uaireadóir eile a bhí san áras – ar na seilfeanna, ar na boird, ag silt anuas ón tsíleáil – ceann i ndiaidh a chéile.

"Tá liom," a deir sé, ag caochadh an tsúil orm tar éis tamaill, aoibh ghliondrach an gháire air, scairt leathan ina shúile, "tá am aimsithe agam duit nach raibh ann ariamh cheana, nach mbeidh ann aríst go deo agus nach bhfuil ag aon uaireadóir eile. Nach aoibhinn Dia dhuit é!" Bhí meangadh mór fada ar a bhéal faoi seo. Chuir sé an t-am ar éadan an uaireadóra, agus d'oscail amach í óna cúl. Thóg sé máilín beag plaisteach amach as póca beag a bhí taobh istigh dá sheaicéad agus thóg mar a bheadh táibléad bídeach bán amach as. Rinne smúdar láithreach de idir dhá ionga a ordóg – mar a dhéanfadh duine a bheadh ag marú sceartáin – chaith sé an smúdar bán isteach i mbroinn an uaireadóra.

"Anois," a deir sé, agus é ag breathnú orm, "coinneoidh an méid sin ag imeacht scaitheamh maith thú – go deo b'fhéidir . . ." Chuir sé an clár ar ais ar dhroim an uaireadóra. Chroith sé í faoina chluais.

Tháinig mar a bheadh meabhrán i mo cheann.

Bhreathnaigh muid araon ar an uaireadóir. Bhí na snáthaidí ag lascadh le faobhar, ar nós faobhar speile. D'ardaigh mo chroí.

"Anois," a deir sé, "an bhfeiceann tú sin. An gcloiseann tú é! Chomh sásta leis."

"Agus céard é an stuif bán a chuir tú ann?" a d'fhiafraigh mé, mé ag ligean orm féin nár aithin mé é.

"Ó, ná habair liom nach n-aithníonn tú, nó cén pláinéad arb as thú ar chor ar bith?" a d'fhreagair sé. "Craic é sin, a mhac, an dóp is nuaí atá ar fáil. Tá sé iontach ar fad – *mighty big in America* – mar a deir na fógraí, agus tá sé saor freisin."

"Agus tugann tú dóp do na huaireadóirí bochta seo go léir," a deir mé, agus mé ag breathnú timpeall, uisce bog ag teacht ó mo shúile, beagnach.

"Ó, a mhic ó, sin uile a bhfuil uathu. Is é an dóp a chuireann an t-am ar ceal agus a choinníonn ag *tice*áil iad – nach é a choinníonn an saol mór is a mháthair ag imeacht anois. Ó cinnte dearfa tá na huaireadóirí seo ar fad drugáilte, agus tuige nach mbeadh – díreach mar atá daoine bochta saolta dópáilte ag paidreacha agus creidíocha, tá na huaireadóirí misniúla seo drugáilte ag dóp – cuid acu ar chanabas, cuid ar chócaon, tuilleadh acu ar mharabhana agus tuilleadh fós ar eacstaisí, ar *speed*, ar *ice* agus le gairid anuas, lena thástáil chomh maith le chuile shórt eile, thosaigh mé ag tabhairt craic do chuid acu."

"Craic?"

"Sea, craic, craic."

"Agus sin atá uathu?"

"Ó sin uile a bhfuil uathu. Tá an-tóir acu air. Agus mura mbíonn an chraic acu ní lá go maidin é. Bíonn siad *high* leath an tsaoil, *hyperactive* leath an tsaoil agus scitsifréineach an leath eile agus iad lán de chroí is de dhiabhlaíocht is de ghreann – nach bhfeiceann tú féin os do chomhair ansin iad – an loinnir uisciúil atá sa dá shúil déag ag chuile cheann acu – agus an deifir atá orthu ag greadadh a gcuid snáthaidí, ag ciorclú timpeall faoi lánluas, agus gan an luas céanna ná an t-am céanna ag aon phéire acu – agus sin mar is maith leo é, agus mar is ceart don saol a bheith. Níl siad leadránach ná ag útamáil timpeall go místuama cosúil le leathdhaoine a bheadh ag iarraidh a bheith ag aithris ar a chéile – ach tá daonnacht cheanndána aonarach tuaithe ag roinnt le chuile cheann acu. Mura bhfuil an-*time* go deo acu, ní lá go maidin é."

"Agus tusa a choinníonn ag imeacht iad?"

"Mise, an dóp agus spiorad Dé. Ó, obair chrua í. Baineann sé allas asam. Buicéid." Phioc sé suas uaireadóir eile. "Ag *wind*áil agus ag *wind*áil agus ag *wind*áil. Déanaimid ár ndícheall. Céard eile is féidir a dhéanamh istigh anseo a chaithfeas an t-am dúinn – fad atá muid ag fanacht . . . Tá go leor ag brath orainn. Ag iarraidh an t-am a fháil, an t-am a choinneáil ag imeacht, an t-am a chur isteach, teacht suas leis an am, an t-am a stopadh dúinn féin scaití, breith ar an am anois is aríst más féidir. Ní le héinne an t-am, agus níl an t-am ag éinne ach ar iasacht agus le coinneáil ag imeacht, agus ag imeacht, agus ag imeacht, chomh fada síoraí seasta agus is féidir, agus is féidir, agus is féidir . . ."

"Agus istigh anseo a choinnítear an t-am agus an saol mór ag imeacht?"

"Ó tá an saol is a mháthair istigh anseo. Tá an t-am go léir istigh anseo – agus ceapann daoine simplí nach bhfuil tada beo san áit seo. Níl aon am acu teacht isteach fiú. Níl am acu seo a dhéanamh. Níl am acu siúd a dhéanamh. Níl am ag éinne níos mó do Dhia ná do dhuine ná d'ainmhí ná don domhan, ná dóibh féin, ní áirím am a bheith acu d'am. Na hamadáin is na hóinseacha bochta aineolacha! Seachnaíonn siad an áit seo, na créatúir. Na deoraithe. Ach dá mbeadh a fhios acu ceart é, nach istigh anseo atá chuile am. Éinne a thagann isteach, ní bhíonn am ná aidhm acu an áit a fhágáil go deo . . . Is tá neart ama anseo do gach éinne ach teacht á iarraidh – dá mbeadh a fhios sin ag daoine. Níor ghá dóibh tada ar bith beo eile a dhéanamh aríst go deo – ach stopadh soicindín amháin taobh amuigh den doras buí sin agus sleamhnú isteach anseo uathu féin go ciúin – cosúil leatsa."

"Cosúil liomsa?"

"Ó sea cinnte, a mhac, cosúil leatsa."

AS LÁIMH A CHÉILE

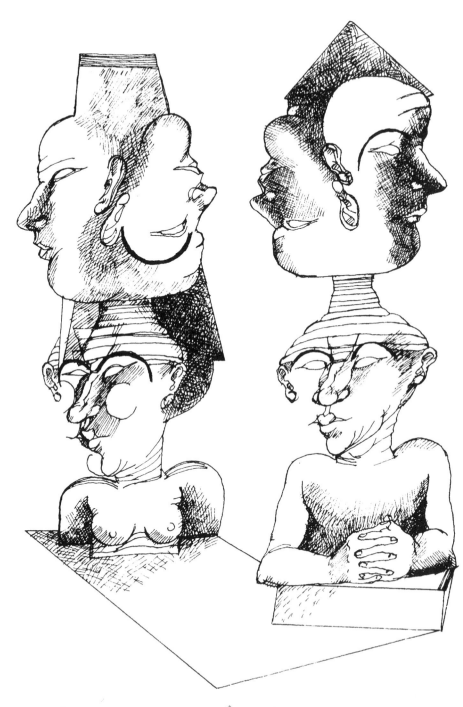

BB '85

AS LÁIMH A CHÉILE

Sicín a chúinneáil. Sicín a chúinneáil agus scóráil. B'in an dá chloch ba mhó ar mo rógaire de phaidrín an oíche Shathairn Cásca úd. Bhí mé ar bís chuige. Ar bís agus réidh. Déarfainn nach raibh aon mhac máthar eile sa gClub chomh dathúil déanta liom – mé chomh maisithe le pictiúr, fiú más mé féin atá dá rá.

Mé i mo bhanríon ar gach a bhfaca mé amach romham, shuigh mé ansin asam féin go huasal ceannasach ar mo stól ard. 'Spáinfeadh sé sin mo neamhspleáchas, mo shaoirse, mo dhúil fhlaithiúil. Fógra oifigiúil cuiriúil go raibh mé ar fáil do shaighdiúir eicínt sa tréad. Amhail earra mealltach i bhfuinneog siopa le linn sladmhargaidh. Threiseoinn m'fhógra níos deireanaí le comharthaí breise de réir mar ba ghá . . . dá mba ghá. Gan orm ach t-léine fhaiseanta dhubh agus rian geal d'aghaidh Shinéad O'Connor uirthi, *jeans* tollta *Levis* 501, *tight fit* – chomh teann sin agus go mionnofá gur spraeáilte orm a bhí siad – agus bróga reatha éadroma boga bána. Bhí mé glanbhearrtha, neart *Fahrenheit* spleaiseáilte suas ar mo leicne. Mo chuid gruaige dubh lite le *gel*, slíoctha siar go slachtmhar agam th'éis a bheith nite ó ardtráthnóna. Bhí mé réidh chuige, réidh *for the kill* mar a déarfadh an comhluadar beo breabhsach seo im thimpeall.

Ní raibh giúmar chomh maith orm le fada, gach re deoch á hól agam as mo phionta, de réir mo láimhe; gach a raibh amach romham le feiceáil agam ó mo stól ard. Bhí na sluaite fear istigh anocht, fir bheaga, fir mhóra agus fir bhreátha freisin, a mhac, ag rince is ag damhsa os mo chomhair – déagóirí, fir sna fichidí, sna tríochaidí agus roinnt eile níos sine. Bhreathnaigh mé thart orthu ó dhuine go duine – síos, suas, trasna, anonn, anall. Bhí mo chorp féin ag *buzzáil* ó laidhricín mo chos aníos, mo chuid fola ag rothaíocht timpeall i mo chuisleacha mar a bheadh uachtar bainne i maistreadh a mbeifí ag iarraidh im a fháisceadh as. Bhí mé cíocrach adharcach, thar a bheith adharcach, mo bhall fearga gan coinsias ag treorú mo shúile, timpeall uaidh féin, mar a bheadh compás stobarnáilte imithe as meabhair d'aon ghnó agus ag baint sásaimh as. Bhí uibheacha Cásca uaim. Seacláid mhilis. Níos milse ná mil.

Cinnte chaithfinn sicín a thriail agus scóráil roimh dheireadh na hoíche. Scórálfainn freisin. Chreid mé ionam féin is i spiorad na haiséirí is na drúise roimh lá. B'fhada cheana ó bhí an oiread muiníne agam asam féin. Shílfeá gur ardrí a bhí ionam agus go mba liomsa iomlán na ríochta ríúla, spreagúla, gnaíúla seo a bhí ag preabadh i mo thimpeall – gur domsa amháin a bhí gach mac athar acu ag damhsa anocht, go raibh mo rogha banríon le bronnadh orm ar an gcéad iarraidh – mar a bheadh snoite amach as brionglóid álainn oíche dom ag lámh chabhrach stuama chneasta.

Chaith mé siar deoch eile. Bhreathnaigh thart orm arís. Bhí an áit seo *hot* anocht, a mhac, thar a bheith *hot*. Ní te anois ach *hot*. Bhí sé ina *ra-bounce* amuigh ar an urlár. Ceol, más ceol. Damhsa, más damhsa. Réabadh agus rírá. Rírá agus ruaille buaille mar a déarfadh na mná rialta agus é ina dheilín acu sa scoil bheag fadó. Cloigne, géaga agus coirp iomlána á gcroitheadh anonn is anall agus scaití timpeall mar a bheidís crochta ón tsíleáil, faoi sheaftaí sáiteacha de shoilse luascacha ildathacha – tuilleadh acu ag *wobb*láil ar nós géanna, dorchadas rúnda scaití mar inspioráid spreagúil. Bhí leath dá raibh anseo *high,* a mhac, agus an leath nach raibh bhí siad ar a mbealach chun na harda. An teocht te bruite agus ag téamh leis i gcónaí. Duine i ndiaidh duine go fáisciúil. Corp i ndiaidh coirp ag pacáil isteach. Bhí mé dá ndearcadh os mo chomhair, le mo mhallrosc leapa – gan le feiceáil scaití ach mar a bheadh píosaí astu, a gcloigne, a nguaillí a gcuid bolg, a dtóineannaí slachtmhara pointeáilte . . . a gcosa . . . de réir mar a thimpeallódh gathanna gonta na soilsí glórmhara. Bhí aithne de chineál eicínt agam ar roinnt de na buachaillí seo – aithne shúl, aithne chraicinn, aithne mhaith, an iomarca aithne . . . ach buíochas le Dia bhí go leor acu nua dom freisin. Ba leo siúd ba mhó a bhí luí agam. Ba orthu a d'fhill mo shúile beannachtacha mar mhaighnéad rialta. Thaithin an nuacht, an úire, an "níl fhios a'm cén sórt é féin fós" liom. Fear nua eicínt a *suss*áil amach. Fear nua le corp nua, intinn nua . . . chuile shórt nua b'fhéidir. Strainséara! Strainséara a d'fhéadfaí a ghabháil . . . a cheapadh . . . a chur faoi gheasa, faoi smacht, a chuirfeadh faoi speabhraídí draíochta mé féin freisin . . . Gaol speisialta faoi leith b'fhéidir . . . a ghabhfadh níos faide ná sin fiú. A ghabhfadh thar an gcéad oíche. Cá bhfios.

Bhí sé ann! Más é a bhí agam ann ina measc. É aimsithe ag mo shúil ghrinn uathoibríoch. É istigh sa gcúinne ar fad beagnach, mar a bheadh ag iarraidh dul i bhfolach orm. Strapaire ard d'fhear, téagartha gan a bheith ramhar, léine gheal lonrach air agus treabhsar dorcha; gruaig ghearr fhionn air, é thar a bheith dathúil, b'fhacthas dom, tríocha bliain d'aois b'fhéidir, má bhí ar éigean . . . Ní sicín óg as an mblaosc amach is amach b'fhéidir ach, bhuel ní raibh sé róshean domsa le súp a bhaint as. B'in cinnte. Bhí rud eicínt difriúil – tarraingteach – ag baint leis. Rud eicínt a sheas amach go suntasach cé nár fhéad mé mo mhéar a leagan air. An léine gheal lonrach, b'fhéidir . . . Sea, bhí mé cinnte nach bhfaca mé sa gclub seo cheana é, bíodh sé ann nó ná bíodh i ngan fhios dom. Is bhí sé uaim láithreach. Láithreach bonn. Bhí mé santach chuige.

Cé leis a raibh sé ag damhsa? Chaithfinn é sin a shoiléiriú. Faitíos go raibh leannán leis. Ba dheacair a dhéanamh amach go barrainneach. É ag breathnú taobh amháin nóiméad amháin agus an taobh eile an chéad nóiméad eile – is é ag luascadh leis. B'fhéidir nach raibh sé ag damhsa le héinne faoi leith, ná in aon ghrúpa – go raibh sé as féin. Leis féin go fóill . . . B'fhéidir le Dia sin.

D'ól mé deoch eile. Ghéaraigh mé mo shúil air gur ghreamaigh dhó, mo lámh faoi mo smig, cos caite trasna ar an gcos eile. Ghéaraigh m'fhonn freisin. Choinneoinn leis. B'fhiú dul sa tóir air fós. Bhí sé ag luascadh leis an t-am ar fad. Croí agus cosa uile ab ea é agus é ag damhsa agus ag léimneach. Bhreathnaíodh sé timpeall scaití. Chaithfeadh treonna ár gcuid súl trasnú cheapfá, agus b'fhéidir beannú aitheantais tostach a thabhairt dá chéile luath nó mall – bhí mé sách gar dó le go bhfeicfeadh sé mé, le go dtabharfadh sé faoi deara mé á fhaire, dá mb'in a bheadh uaidh. Gan ag teastáil ach go dtógfadh na soilse marc ceart orm. Rud nach raibh éasca. Isteach ina shúile siúd is mó a bhí siad ag scalladh agus ní ormsa, cé go bhféadfaidís casadh tobann timpeall a dhéanamh soicind ar bith dá mbainfí truisle astu. Ach bhí seisean beagnach lasta acu an t-am ar fad – nó b'fhacthas domsa go raibh ar aon nós, murar orm féin a bhí sé . . .

An bhfaca mé stócach eicínt ag éirí staidéarach mar a bheadh sé á scrúdú óna chúl? Ag damhsa leis sa spota céanna. Ag teannadh isteach leis? Chonaic freisin! An bastard bradach. Bhuail sé é féin suas faoi go téisiúil gur chuimil a chorp féin dá chorp, san am céanna, ag leagan a lámha ar a mhásaí gur shlíoc suas agus anuas de ruaig leanúnach amháin. Tharraing mo dhuinesa é féin go leataobh de gheit, ag caitheamh sracfhéachaint tobann siar thar a ghualainn. D'fhéach cé a bhí aige ann. D'fhéach den dara huair go diúltach lena intinn a shásamh. Theann sé amach trasna dhá choisméig nó trí uaidh . . . Ba leor bod don eolach. Ghlac mé leis seo mar fhógra. Níor mhór a bheith cúramach. Ach b'fhéidir nár mhór a bheith deifreach freisin. Bhí súile craosacha strae go leor eile ag fámaireacht thart, ag snámh timpeall mar a bheadh seabhaic go hard san aer ann. B'fhearr do leaid dúiseacht suas agus *move* a dhéanamh, a eangach a chaitheamh amach . . . nó tharlódh go mbeadh an mac seo rómhall. Ba é díol an diabhail é má bhí sé saor ó cheangal agus ar fáil, é a fheiceáil crochta leis faoi ascaill duine eicínt eile. D'ól deoch amplach amháin eile. Leag uaim mo ghloine is mé ag éirí i mo sheasamh . . .

Streachail mé mo bhealach anonn go dtí imeall an urláir damhsa. Chroith mé mé féin ansin cosúil le gadhar a thiocfadh amach as uisce, ar nós chuile mhac máthar acu. Bhí mé ag luascadh is ag lúbarnaíl liom agus san am céanna ag sní mo bhealaigh go slíbhínteach ingeareach trí na coirp phreabacha i dtreo an chúinne. Taobh istigh de dhá nóiméad bhí mé os a chomhair amach, fios maith agam in mo chroí istigh nach móide go mbeadh chuile chor eile a chuirfinn díom anocht chomh scafánta cinnte seo. Ní raibh mé tugtha faoi deara fós aige. Cén chaoi a bhféadfainn a bheith. Ach ba ghearr go mbeadh. Ní bheadh aon dul uaim aige. Céard a d'fhéadfadh sé a dhéanamh ach mé a dhiúltú . . .

Dhamhsaigh mé os a chomhair – amanta ag teacht fíorghar dó. Chaithfeadh sé mé a fheiceáil á fhéachaint, á fhaire, á scrúdú. Shlíoc sé brat allais dá bhaithis lena dheasóg agus d'fhigh a lámha siar trína chuid gruaige geábh, a uillinn ag bualadh fúm beagnach. Cheap mé gur bhraith sé rud eicínt mar a bheadh sé coinsiasach go rabhthas á fhaire. Bhí mise á iniúchadh liom: muid beirt ag damhsa linn. De réir a chéile thit gluaiseachtaí na colainne isteach sa rithim luascach chéanna . . . Bhí loinnir i mo shúile anois, réidh le beannú dó go ceanúil, chomh luath agus a bhreathnódh sé díreach san éadan orm – isteach i mo shúile fáilteacha grámhara. Soicindín amháin. Sin ar theastaigh uaim. Bhí mé ag fanacht is ag fanacht . . .

Bheadh deoch aige ceart go leor a dúirt sé. Theastaigh scíth uaidh ón damhsa ar aon nós. É ag doirteadh allais. Uisce. B'in an méid. Bhí sé ag tiomáint agus níor mhór a bheith cúramach sa gcathair. Ba mhór liom riamh cúpla punt a íoc ar bhuidéilín suarach uisce nuair a d'fhéadfaí deoch níos gnaíúla a fháil ar an bpraghas céanna, ach gach mac mar a oiltear é, más sin a bhí uaidh. Nár chuma faoi leithscéalta de dheochanna.

Cén t-ainm a bhí air ar aon nós? Nár chuma! Ba chuma is dóigh ach go mbeadh sé go deas a ainm a bheith ag duine. Fios a bheith agam cé leis a raibh mé ag caint. Gan mise ach ag iarraidh a bheith múinte – muid féin a chur in aithne dá chéile mar a dhéanfadh beirt ar bith . . . B'fhéidir, a dúirt mé, gur Micí nó Dic atá ort – nó Willí fiú. Níor fhreagair sé ach bhí meangadh ar a bhéal ceart go leor . . . Bhuel, John Paul atá ormsa ar aon nós, más maith leat fios a fháil air – mé ainmnithe i ndiaidh an Phápa, ar ndóigh. Rugadh mé an lá ceannann céanna a dtáinig sé go hÉirinn, an diabhal bocht. Anois! Tá tú i gcomhluadar fir atá ainmnithe as fear naofa, fiú muna bhfuil sé féin rónaofa. Johnny mar sin, a dúirt sé, cuma mhagúil ar a aghaidh. Is féidir leat Johnny a thabhairt anocht orm . . .

 · Ní bheadh gail aige ach oiread. Níor thaithin feaigs leis, nó an cineál sin ar aon nós, d'admhaigh sé agus meangadh eile air. Is dóigh nach mbíonn sé ag geaimbleáil ach oiread a dúirt mé liom féin. Seo é an cliamhain a shantódh aon mháthair chéile go cinnte: fear nach mbíonn ag ól, ag caitheamh, ag geambleáil ná ag luascadh ó bhean go bean . . .

Chuir mé ceist air cérbh as é, ag meabhrú arís nach bhfaca mé thart cheana é. Aníos as bolg na tíre. Ba léir nár theastaigh uaidh a bheith níos cruinne faoin tíreolas. Ócé! Ní chuirfinnse aon bhrú air, murar theastaigh. Ba chuma. Aníos chuig an gcathair le haghaidh an deiridh seachtaine, le héalú ón mbaile? Níorbh ea go díreach. Anocht amháin, mar go raibh beagán oibre le déanamh aige amárach: cara dá chuid a bhí imithe ar bhainis, a d'iarr air a chuid oibre a dhéanamh ina leaba. Ag obair Dé Domhnaigh a deir mé féin ag spochadh as. Údar mí-áidh. B'in peaca freisin. Ag briseadh dlí Dé agus dlí na hEaglaise. Bhí na heaspaig féin ag labhairt amach go mór ina choinne le deireanas. Ba cheart géilleadh d'easpaig! Chas ár súile ar a chéile . . . Bíonn ar chuid againn dul ag obair Dé Domhnaigh, a dúirt sé, easpaig nó gan easpaig agus sin sin.

Ní stopann an saol mór do chuile dhuine ar an Domhnach. D'aontaigh mé leis. Céard a tharlódh gan na Gardaí, banaltraí, dochtúirí, tiománaithe bus, lucht beáranna, lucht raidió agus teilifíse . . . gan a bheith ag obair dálach is Domhnach. Bhí an ceart ar fad aige. Fiú mura mbeadh d'aontóinn leis.

Bhraith mé go raibh sé cúthail, cúthail dáiríre formhór an ama, agus nach ag ligean air a bhí sé. Gurbh é an cineál duine é a gcaithfeá chuile shórt a tharraingt as – beagnach dá bhuíochas. Ach bhí sé go deas, go deas gleoite agus stuama, mheasas. É ag dul i gcion níos mó agus níos mó orm in imeacht ama. Ba chosúil go réiteodh muid ócé lena chéile. Ós rud é nár thaobhaigh sé an club seo rómhinic, níor aithin sé éinne ann, a dúirt sé. Bhraith mé uaidh gur thaithin mo chomhluadar leis, gur thaithin mo phearsantacht leis, gur thaithin mo bhealach leis agus sea, bhí sé chomh maith dom é a rá, gur thaithin mo chorp – go háirithe mo chorp – leis. B'fhacthas dom go bhfaca mé é ag caitheamh amhairc síos ar mo bhall fearga cúpla uair. Go bhfeicfeadh sé an raibh sé ag corraí agam? Ach an bhfaca sé féin mise nuair a chonaic mé é ag breathnú . . . ? Rug mé ar a amharc siúlach an dara huair cinnte. Is rímhaith a thuig seisean freisin gur rug. Ba mhór an sásamh dom an méid sin cé gurb amhlaidh a bhreathnaigh sé féin amach uaidh sa slua. Cúthail aríst b'fhéidir . . .

Deoch eile an duine. Tuilleadh comhrá fós. Bhí an t-am ag sleamhnú thart, mé ag éirí beagán míshocair. Bhí sé in am labhairt amach díreach – na cártaí ar fad a thógáil amach ón mbrollach is a bhualadh faoin mbord: an cheist mhór a chur. Bhí mé réasúnta maith ag an ealaín seo. Muiníneach. Chreid mé ionam féin. Ar éigean a chuirfinn an cheist ar dhuine, mura mbeinn cinnte go bhfaighinn an freagra a bheadh uaim. Bhí fíormhuinín agam asam féin anocht.

Bheadh an club ag dúnadh go luath – é ag tarraingt ar a dó a chlog cheana féin. An dtiocfadh sé le haghaidh caife trasna an bhóthair? Thiocfadh cinnte, béim ar an bhfocal cinnte, rinne mé amach. Iontach! Roinn muid meangadh flaithiúil lena chéile. Teas. Bhí mé ag éirí adharcach aríst. Bhí liom. Bhí an teanga seo ar mo chomhairle féin agam. Comhrá rithimeach an choirp. Sea, bhí mé bródúil as mo ghreim ar theangacha, go háirithe as mo líofacht ar theanga théisiúil bhlasta an choirp a chothaigh an oiread sin caidrimh . . . Éinne a bhí sásta dul le haghaidh caife . . .

Agus an raibh carr agam – ní raibh. Ó ba chuma. Thabharfadh sé bealach abhaile dom freisin. Bheadh *ride* abhaile go deas, a smaoinigh mé. Cá raibh mé i mo chónaí? Taobh ó dheas den chathair. Ó, taobh ó dheas. Níos fearr fós. Nach raibh sé féin ag dul ó dheas chomh maith – go dtína theach lóistín – mar a raibh leaba agus bricfeasta curtha in áirithe aige. Agus cá raibh mé féin ag fanacht? Le m'aintín. Aintín Nóra. Ní aintín dáiríre ach seanaintín ach gur aintín a thugadh muid uirthi. Nár mhór an trua nach raibh mé in ann íoc as árasán dom féin fós nó fiú seomra de mo chuid féin a bheith agam i dteach ar cíos. Ba mhór. Ba mhór ceart go leor. Dheamhan neart air anois. D'fhéadfadh rudaí a bheith níos measa. Nach mbeadh foscadh eicínt sa gcarr againn ar a laghad. Is muid ar ár gcomhairle féin.

Phóg muid a chéile ansin. I ngan fhios dúinn féin bhí ár dteangacha ag muirniú a chéile, ag brú ar a chéile go crua lách. Muid beirt inár seasamh ag cuntar an bheáir. Muid beirt agus barróg dhocht againn ar a chéile, sa mbealach ar dhaoine eile i ngan fhios dúinn féin . . . Muid beirt fáiscithe isteach in aon duine amháin beagnach.

Thiomáin muid linn. An chathair liath leath ina codladh an tráth sin den mhaidin – mo lámh dheas ag crúbáil roimpi . . . ar a ghlúin, ar a cheathrú, ar a mhásaí, ar a ghléas . . . fios maith agam go raibh sé ar tí léimneach amach mar a bheadh giocsaí i mbosca ann – mé ag cuimilt agus ag cartadh liom, faoi chlapsholas cathrach na luathmhaidine: mé ag tarraingt siar mo láimhe ag soilse dearga bioránacha tráchta, aon uair a bhreathnaíodar isteach orainn go fiosrach. Bhí sé ar bís: – ach idir thiomáint, *gearannaí*, *indicators* agus soilse tráchta bhí a chiotóg gafa formhór an ama – nó ba chóir go mbeadh . . .

An raibh a fhios aige cá raibh a thriall? An raibh eolas na háite aige? Bhí sórt. Bhí muid gar do cheann scríbe ar aon nós. Bhí sé anseo cúpla uair cheana. Dhéanfadh sé a bhealach. Taobhshráid chiúin eicínt? *Cul-de-sac*? Trá? Ní hea. Bhí a fhios aige cá raibh carrchlós a bheadh folamh. Bhí sé ann geábh amháin cheana. An chéad chasadh eile ar dheis, cheap sé . . . Bhí an ceart aige. Ar dheis aríst ansin san áit a raibh gabhlóg sa mbóthar . . .

Carrchlós ollmhór cearnógach ag scaradh amach romhainn. Ollmhargadh, an ea? Ó 'bhitse níorbh ea – carrchlós ciúin séipéil a bhí ar bhóthar cúlráideach. B'fhéidir go gceapfaí gur gadaithe a bheadh ag páirceáil i gclós ollmhargaidh . . . ach séipéal, níorbh fhiú dul dá robáil. Rinne sé gáire beag. Áit a mbeadh séipéal, bheadh teach sagairt in aice láimhe go cinnte. B'fhéidir go ndúiseofaí na sagairt. Thitfidís as a seasamh dá bhfeicfidís . . . Níor cheart drochbhail mar sin a chur ar shagairt naofa, go háirithe ar sheansagairt. Gháir an bheirt againn le chéile. Níorbh aon dochar a súile a oscailt beagán – múineadh dóibh faoin saol mórthimpeall. B'fhéidir nár ghá. Cá bhfios fiú nár mhaith leo féin seirbhís rúnda oíche a fháil. Dul thar a gcuid. Nach raibh an Carghas thart óna dó dhéag anocht. B'fhéidir, a mhac, go mba chleachtaithe leath acu siúd ná muid féin ar an gcéapar seo . . . dá m'fhíor leath na scéalta . . . Cinnte. Cuid acu ag fáil bháis in allaslanna rúnda aeracha na cathrach. Sleaiceanna ag teacht orthu. Strócanna agus taoimeanna croí. Ag titim as a seasamh fiú ar an jab! Brú oibre. An *night shift*, ar ndóigh . . .

Pháirceáil sé an carr istigh ar fad le balla. Bhí an cúinne seo den charrchlós dorcha go maith agus faoi scáile – faoi scáile ag crainnte móra arda a bhí ar an taobh eile den bhalla. Leath tost gairid, th'éis gearranáil a theacht ar inneall plúchta an chairr. Súil timpeall chuile thaobh ar fhaitíos na bhfaitíos. Ní raibh duine ná deoraí thart. Cé a bheadh. Chaith muid beirt sleamhnú amach as an gcarr le streall bodráilte fuail a dhéanamh. Duine againn ar 'chaon taobh den charr – mise iompaithe soir, eisean iompaithe siar. Chomh mall sciobtha agus a d'fhéad muid. Isteach linn aríst i gcompord teolaí an chairr, ag plapdhúnadh na ndoirse chomh ciúin agus ab fhéidir doirse cairr a dhúnadh . . . faitíos na siógaí féin a dhúiseacht. Cé a bheadh thart an tráth sin den oíche – nó den mhaidin ar aon nós, mura mbeadh gadaí nó druncaera nó leannáin eile . . .

Bhí muid i ngreim láimhe ina chéile . . . ag crúbáil . . . ag caraíocht go cineálta. Raidió ceoil a Dó ar siúl go bog íseal. Theann isteach lena chéile go místuama. Bhraith mé tosach an chairr cúng, cé go raibh mé ábalta go maith agus i mo chineál máistir ag fáil an ceann is fearr ar scailpeanna cúnga faoi seo. Arbh fhéidir droim na suíochán seo a scaoileadh siar? Cinnte, b'fhéidir, agus iad a bhrú siar ón mbun freisin. Bhí *knob* thíos fúthu.

I lár, idir mo dhá chois, nó san áit ar cheart do mo dhá chois a bheith! Bhí rotha beag ar a dtaobh; taobh thiar díom beagnach, ach mo lámh a chur siar . . . má bhí mé in ann. Á, bhí sé seo i bhfad níos fearr, níos mó rúmáil.

Nár bhreá an carr í seo, a thagair mé, agus í coinnithe chomh glan néata. D'fheilfeadh ábhar cainte seafóideach eicínt. Caithfidh sé go bhfuil jab maith agat – jab oifige a déarfainn, bosa mo lámha ag fáisceadh a lámha boga. Níor lámha scríobtha iad siúd a raibh cruas curtha iontu ag obair buildeálacha, amhail mo lámha garbha féin. Lig mé dó iad a chuimilt suas síos ar mo bhrollach mín agus ar mo bholg, ag sú pléisiúr mealltach as an teagmháil shéimh. Chuir mé mo lámh faoina ascaill gur tharraing anall é go ciotach ar mo thaobh féin den charr, gur luigh orm go teann . . . an dá chorp díreach os cionn a chéile, béal le beal, brollach le brollach, bolg le bolg . . . Phóg muid a chéile go craosach santach. Bhí a mheáchan álainn uile ag brú anuas orm.

Agus níl tú sásta inseacht dom cén sórt jab atá agat – sé sin seachas an obair atá ar siúl anois agat – a deir mé féin ag tarraingt m'anála agus ag spochadh as. Rinne tagairt don charr breá aríst. Nach diabhaltaí an mac thú. B'fhéidir go bhfuil tusa ag tarraingt pá mhóir? Pá níos mó ná mar a gheobhaidh mé ar a dtarraingeoidh mé anseo anocht ar aon nós. Bhí dea-chaint freisin aige a thaithin liom. Nó b'fhéidir go bhfuil tú pósta, go bhfuil bean sa mbaile agat? Bhí cinnte. Bhí cúigear nó seisear gasúr sa mbaile freisin aige ar an gcomhaireamh deireanach, dúirt sé. Má bhí ní ligtear na créatúir isteach sa gcarr breá pointeáilte seo! Ar ndóigh níor chreid mé focal uaidh . . .

Thimpeallaigh ár lámha ár gcorp, ag baint fíorfháisceadh as a chéile. Ní raibh cor asainn ansin ar feadh cúpla nóiméad ach muid beirt ag sú isteach ár láithreacha grámhara stráinséaracha. Ba mhór againn beirt a chéile . . . Ansin thosaigh lámh dá chuid ag rúpáil – i scailp thíos idir an dá shuíochán gur tharraing aníos rud eicínt. Bhreathnaigh mé. Buidéilín. Buidéilín uisce choisreacain as Cnoc Mhuire an ea, le croitheadh ar an gcarr anois is aríst, lena tabhairt slán? Ba ea, muis.

Chomh maith agus dá mba ghá é, a deir mé, ag breith ar an mbuidéilín *poppers*, ach ó tá an claibín bainte agat dó . . . Shú smúrach domhain as – polláire i ndiaidh polláire. Chuir sé cic te breise ionam láithreach.

De lasair bhí mo chuid fola ag réabadh i mo chuisleacha, mo chroí ag preabadh ó smacht i mo chliabhrach. Rinne sé féin amhlaidh go healaíonta. Is dóigh gurbh í do bheainín bhocht uaigneach sa mbaile a cheannaigh an buidéilín seo freisin duit – a shac síos i do phóca beag é faitíos go ndéanfá dearmad air agus tú ag deifriú amach an doras anocht. Ba í cinnte, mura raibh sí tuisceanach. Teastóidh siad seo freisin . . . ar ball beag. Bhí bosca *tissues* tarraingthe aniar ó chúl an tsuíocháin aige. Beidh na deora spleodrach leat go luath, a mhac! *Mansize*, a deir mé. Nach tráthúil é do rogha . . . Bhí muid beirt timpeallaithe ag géaga a chéile athuair, níos fonnmhaire fós . . . anois nó ariamh . . .

Raight ó mar sin, a mhac. Cé chomh fada agus a bhí sé ag iarraidh dul – mé a focáil, nó ormsa é féin a focáil? Ní raibh. Bhí sé lom daingean faoi sin. Ní raibh aon choiscíní aige ach oiread. Cén fáth nár chuir a bhean slám acu sin ina phóca? Cúpla ceann agam féin i bpóca eicínt ar aon nós, dá bhféadfainn iad a aimsiú. Níor ghá a dúirt sé. Ócé. Réitigh mé leis. Ba cheart a bheith cúramach ar aon nós – go háirithe ar na saolta contúirteacha seo. Obair láimhe mar sin. Jab láimhe agus béil, b'fhéidir. Teacht ar aon bhuille. Go díreach. Bhí seisean in íochtar agus mise in uachtar faoi seo – gan snáth ná scáth, gan faitíos ná fuacht ar éinne againn – fuinneoga an chairr mar a bheadh plúchta suas go speisialta dúinn ag ceo draíochta ár gcuid anála. A lámha boga ceanúla ag cartadh leo idir mo chosa, mo bhall fearga á chuimilt go leochaileach, é ag méiríntheacht is ag slíocadh roimhe is ina dhiaidh ar a chomhairle féin. A liopaí is a theanga ansin – ag líochán go cineálta dingliseach cairdiúil. Bhain mé féin freisin lán mo shásaimh as an lán glaice is béil – roinnt na gcarad. Bhí sponc breabhsach ionainn . . . beirt.

Le teannadh tarraingteach ansin a tháinig an bheirt againn de léimneacha, muid ag spré buillí fearga faoisimh. Muid beirt ag teacht le chéile buille ar bhuille – beagnach.

Nach maith ann na *mansize*, é ag glanadh an phruisleach smeadráilte tar éis tamaill. Ba é Dia a chas an bealach iad cinnte, agus é féin freisin. Rinne muid beirt racht maith gáire, aníos ó íochtar ár gcroí agus shín siar ansin.

Bheadh sé ina mhaidin gheal go luath. D'fheicfeadh muid an ghrian ag damhsa fós, b'fhéidir . . .

Uimhir a seasca seacht, a deir mé ag breathnú amach tríd an bhfuinneog. Sin é thall é ar chlé – an bhfeiceann tú an doras pinc sin? Bhuel ní hé sin anois é ach an dara doras síos uaidh! Brón orm nach é uimhir seasca a naoi é, ach, bhuel ní hé mo theachsa é ach teach mo sheanaint. Gan solas ná dé ann – leathoíche chodlata faighte ag Aintín Nóra faoi seo. Bheadh sí siúd ina suí le breacadh an lae agus ag útamáil timpeall an tí. Tharraingeodh sí amach as an leaba mé le í a thionlacan chuig an dara hAifreann ó bhí an siúl ag imeacht uaithi . . .

Tiomáin leat go fóill. Choinnigh sé air dhá chéad slat síos an bóthar sular tharraing sé an carr de leataobh isteach ar an *gkerb*. Mhúch an t-inneall . . .

Bhí mo lámh ar a ghlúin. Leag sé a lámh féin os a cionn, gur fhigh a mhéaracha isteach idir mo mhéarachasa go fáisciúil leochailleach tláith. D'iompaigh mé aníos bois mo láimhe gur shnaidhmnigh ár méaracha. D'fháisc muid bosa a chéile tuilleadh . . .

An suaimhneas a bhraith mé ansin . . . ár leathlámha ag múirniú a chéile go cigilteach. Chomh mór agus a bhí mé ar a mo chompord. Mar a bheadh mo chuid fola th'éis stopadh i mo chuisleacha. Spadhar gnéis thús na hoíche ar neamhní anois. Neamhní. An suaimhneas síochánta de mo phriocadh, d'fhéach mé sna súile air, mó lámh thais i ngreim go fáisciúil i gcroí a láimhe féin. Bhí cineáltas an strainséara sa bhfáisceadh sin. Strainséaraí strae na n-oícheanta dorcha aeracha. Bhí chomh maith le cion agus uaigneas, bhraith mé. Nach raibh níos mó sa saol dom ná seo. Ná an fiach leanúnach agus caidreamh aon oíche. É sin blaiste sách minic agam. É in am anois b'fhéidir an saol sealadach sin a fhágáil ar an taobhlíne dá spreagúla é. Go bhfeicfinn liom . . . Bhí mar a bheadh gníomh níos doimhne uaim. Níos mó ná gníomh. Mhothaigh mé mar a bheinn fásta suas anois . . . Mar a bheinn sna fir . . . Ba é an cineál duine é b'fhéidir a bhféadfainn socrú síos leis, lá eicínt, dá bhfaighinn deis aithne cheart a chur air. É difriúil ar bhealach eicínt le fir eile a casadh orm. Bhí an pháirc imeartha agam faoi seo, agus gach ionad ar an bpáirc freisin, a smaoinigh mé, mo shíol croite thart go maith agam. Ainneoin m'óige bhí fonn orm mo shaol a roinnt freisin. Dúil i gcomhluadar níos seasta. Mar a bheadh fonn orm éirí staidéarach. Níor chuir sé isteach orm go raibh sé seo suas le deich mbliana níos sine ná mé. B'fhéidir gur mhaith leis féin glacadh níos dáiríre liomsa freisin – gan muid a bheith inár   strainséaraí aon uair a chasfaí ar a chéile muid ach mé a fheiceáil ar bhun níos rialta . . . faoi sholas gléigeal an lae.

Ach níor mhaith, rud a chuir cineál iontais orm. Ní hé nár mhaith ach chomh cinnte agus a bhí sé faoi, nár mhaith. B'fhéidir nach raibh uaidh ach 'fás aon oíche,' go raibh fear eile sa mbaile aige. Dúirt sé nach raibh. An bhfeicfinn aríst é fiú? B'fhéidir. Dá mbeadh sé sa gcathair. Ní thabharfadh sé aon ghealladh. Bhí a lámh timpeall ar mo mhuineál, é ag slíocadh is ag fí mo chuid gruaige taobh thiar lena mhéaracha, é ag coinneáil leathshúil amach trí fhuinneoga agus scátháin an chairr san am céanna. Nach raibh uimhir teileafóin aige. Bhí agus ní raibh. Ní fheilfeadh sé dó í a thabhairt dom. Bhí daoine eile ag an uimhir chéanna nach raibh tuairim dá laghad acu faoin gcéapar. Sách dona. B'fhéidir go raibh sé pósta ceart go leor! Ach bheinn cúramach nuair a chuirfinn glao. D'fhéadfainn glaoch ag am faoi leith – cibé am a d'fheilfeadh eisean. Sa lá nó san oíche. Leathuair saor a thógáil ón obair dá mba ghá. Bhainfeadh sé le cúrsaí gnó mar dhea. Cén gnó? Ócé mar sin, mura raibh sé sásta í a thabhairt. Casadh neart dá leithéid cheana orm. An raibh m'uimhir féin uaidh. Thógfadh sé í mar sin, á scríobh síos le badhró a phioc sé den *dashboard*. Idir a hocht agus a naoi san oíche ab fhearr glaoch, oícheanta na seachtaine. Mura mbeinn istigh, a rá go gcuirfeadh sé glao ar ais. Dá gcuirfí caidéis air, ar a ghlór nár chualathas cheana – a rá go bhfuair sé m'ainm ó dhuine eicínt eile, go raibh ruainne de bhalla le tógáil aige ar chúl an tí, gur theastaigh bríceadóir uaidh . . . ach nach raibh aon deifir leis, go gcuirfeadh sé glao ar ais aríst. Gan a rá ar a bhfaca sé ariamh gur uaidh fhéin a theastaigh an leagan. Gháir sé. B'fhéidir go gcuirfeadh sé glao mar sin. Ócé, chuirfeadh . . . uair éigin amach anseo, nuair a bheadh sé ag teacht chun na cathrach. B'fhéidir go mbeadh sé mí nó dhó ach chuirfeadh sé glao, dá bhféadfadh sé ar chor ar bith. Gheall sé go drogallach, th'éis m'impí. D'fheicfinn sa gclub é, cén áit eile a mbeadh sé. Corr-dheireadh seachtaine a théinn féin abhaile, síos faoin tír. Bheinn sa gclub chuile dheireadh seachtaine eile nach mór. Theastaigh uaim teagmháil eicínt a choinneáil leis ar a laghad. Ba mhór liom agam a chomhluadar.

Shuigh muid cúpla nóiméad eile sa gcarr, inár dtost. Mar nach dteastódh ó éinne againn an tost uasal sin a ruaigeadh. Sórt uaignis ag rith linn beirt, shíl mé. Liomsa ar aon nós.

Rug muid barróg thobann ar a chéile aríst sular scar muid. Phóg muid a chéile go sciobtha uair amháin eile, agus uair amháin eile fós – le haghaidh *luck* – cead tugtha againn dár dteangacha cuimilt dá chéile ar feadh soicindín deifreach goidte amháin.

Chuaigh mé amach as an gcarr ansin go mall tostach. Theagmhaigh an fhionnuaire liom. Deoraí ní raibh le feiceáil faoi shoilse leisciúla uaigneacha na sráide. Tharraing mé anáil dhomhain, a d'aimsigh íochtar mo scamhógaí. Bhain croitheadh as mo chuid éadaigh. Chinntigh go raibh mo bheilt dúnta i gceart. Dhírigh suas mé féin. Dhún mé an doras de phlap, ag rá leis, uair amháin eile, go raibh súil le Dia agam go bhfeicfinn go luath aríst é . . .

Chonaic. An mhaidin dár gcionn ón suíochán chúil, i séipéal cathrach – nuair a d'ofráil sé Aifreann an mheáin lae.

FAOI SCÁTH SCÁILE

BB '85

FAOI SCÁTH SCÁILE

Ní réitím féin ná mo scáile lena chéile níos mó.

Ní réitím cé go raibh uair ann – fadó an lá – nuair a mhair muid go sona sásta i bhfochair a chéile. Bhíodh muid síoraí seasta ar aon intinn, ar aon fhocal, ar aon bhuille, agus ar aon amharc fiú – inár gcomrádaithe chomh dlúth sin. Go deimhin ba dheacair do dhuine muid 'aithneachtáil thar a chéile scaití. Bhí muid chomh dílis sin dá chéile. Dílis agus tuisceanach ar a chéile dá réir.

Agus uaireanta i rith an lae théadh sé i bhfolach orm. Mar spraoi, ar ndóigh. Is ba chuma liom. Ba chuma liom an uair úd mar bhí a fhios agam i gcónaí go raibh sé ann. Go raibh sé ann – ansin – ach amháin é a fheiceáil. Fiú mura bhfeicfinn timpeall é, ní bhíodh aon imní shuntasach orm. Mé chomh cinnte sin go mbíodh sé i m'aice i gcónaí. Go háirithe san oíche. Bhíodh a fhios aige, is dóigh, go mbíonn faitíos ar ghasúir bheaga go minic san oíche. D'fhanfadh sé im fhochair. Agus aon uair eile freisin a mbínn amuigh liom féin i gclapsholas an tráthnóna – ag pocléimneach ar na bánta, ag caitheamh cloch le héanacha nó ag cur súil ribe i bpoill choiníní. Bhíodh sé gealgháireach spraíúil – ag rith amach romham go haerach spleodrach; do mo leanacht go ciúin cneasta; nó scaití eile fós taobh liom ina aingeal dílis coimhdeachta. Bhíodh sé i gcónaí, mar a bheadh ag breathnú suas orm, uaireanta dá shearradh féin go mbíodh dhá uair chomh fada liom, uaireanta eile fós dá chúbadh féin – gan ann ach buindilín beag giortach faoi mo chosa a mbíodh cineál faitís orm siúl air, agus scaití eile ag dearcadh orm go leataobhach – mar a bheadh fios nár bhain dó ag teastáil uaidh faoi rún . . .

Is bhíodh an créatúirín de shíor ag aithris orm go magúil – dá n-ardóinn mo lámh, dá dtarraingeoinn cic, fiú cic folamh ar an aer, dá gcuirfinn amach mo theanga ar chúl duine fásta eicínt go mímhúinte . . . nó go deimhin mura ndéanfainn ach mo bhéal a oscailt: d'osclódh seisean a bhéal freisin. D'osclódh. Ar ala na huaire. Níor ghá dom fiú tada a rá, ach ligean orm féin go raibh mé ag dul ag rá rud eicínt. B'in an rud ba mhó a chuireadh iontas orm faoi Scáil – go raibh a fhios aige i gcónaí céard a bhí ar intinn agam a dhéanamh . . .

Ach ní réitím le Scáil níos mó. Th'éis an tsaoil álainn a chaith muid i dteannta a chéile. Cosúil le lánúin shona phósta . . . sea. B'fhearr liom anois gan dul isteach sa scéal. Scéal fada an anró a bhí san intinnscaradh céanna. Bascann an tocht i gcónaí mé. An bheirt againn ag déanamh amach gurbh é an ceann eile a bhí contráilte. Muid araon ag cur an mhilleáin ar a chéile. Is dóigh gur cuma faoi mhilleán – anois go bhfuil mé rómhall. Imíonn sé leis ina bhealach féin. Is mé ag ceapadh tráth nach raibh ann ach scáile. É creidte agam gur scáth nó taise nó lorg nó scáthán dorcha díom féin é. Is níorbh ea muis! Nach mé a bhí seafóideach. Mé cinnte go raibh sé faoi chomaoin agam, go raibh cead agam é a phrógramú aon bhealach ba mhaith liom. Gur faoi siúd a bhí sé coinneáil suas liomsa. Mise cinnte nach gcuirfeadh tada isteach ná amach air. Mé ag ceapadh i gcónaí . . .

'Is mise mise,' a deir sé maidin fhuar shalach bháistí amháin, nuair a bhí mo chúl iompaithe agam leis agus mé ag stánadh orm féin go measúil sa scáthán. Bhain an ráiteas geit chasta asam an mhaidin dhorcha úd. É ag labhairt liomsa ar an gcaoi sin. Ní hé an rud a dúirt sé ba mheasa ar fad ach gur labhair sé ar chor ar bith – rud nach ndearna sé ariamh roimhe sin ná ó shin – agus freisin an tuin chrosta a shnigh isteach is amach trína chuid cainte . . .

'Is mise, mise, agus ní leatsa mé.' D'athraigh sé a chruth b'fhacthas dom nuair a d'iompaigh mé thart, agus bhreathnaigh sé isteach sa straois orm. 'Tá cead agamsa mo rogha rud a dhéanamh liom féin. Focáil leat anois.'

Focal níor labhair sé ó shin liom. Ná fiafraigh díom cén fáth. Focal níor labhair sé roimhe sin, ná ó shin mar a dúirt mé cheana. Ar dtús ba chuma liom, fiú má baineadh geit imníoch asam. 'Nach fada gur labhair tú,' a deir mé leis mar aisfhreagra tobann gan smaoineamh orm féin, agus nuair a tháinig an anáil liom, 'más in í an sórt cainte atá rún agat a chleachtadh, coinnigh dó bhéal dúnta feasta.' Choinnigh. Choinnigh ar m'anam. Smid níor fhan aige. Sin é atá do mo chrá anois. Ba bhreá an rud duine – nó fiú scáile a labhródh leat. Rud eicínt a rá. Rud ar bith beo. Scoilt a chur sa gciúnas. Mura gcuirfeadh ach 'Bail ó Dhia' ar dhuine. Fiú dá gcuirfeadh 'Bail an diabhail' féin ar dhuine . . . Níor ghá do bheirt a bheith róchairdiúil fiú le labhairt lena chéile . . .

Ormsa atá an locht ar fad, is dóigh? Níor thuig mé ceart ag an am é.
Nó níor lig mé dom féin é a thuiscint ba chirte dom a rá. Ag breathnú siar
anois air, nár léir don dall go raibh a phearsantacht saoil féin ag mo scáilesa
– gur Scáil é scáile. A bhealach féin leis. A bhealach féin uaidh. Fonn air
a rogha rud a dhéanamh, agus gan iallach a bheith air feidhmiú go cliniciúil
meicniúil mar aingeal coimhdeachta sclábhúil do mo leanachtsa.

Is níl mé mór le Scáil níos mó dá bharr. Ach fan ort. Ní bhíonn muid
ag troid lena chéile ach oiread. Níl sé féin rómhór liomsa – is cosúil –
ach ní hin le rá go bhfuil an ghráin aige orm. Sure ní gá go mbeadh gráin
ag duine ar dhuine nach mbeadh mór leis, an gá? Ní gá ar chor ar bith.
Ó bheadh an-bhrón orm dá mbeadh. B'fhéidir nach bhfuil muid rómhór
lena chéile, ach mar sin féin ní bhíonn muid ag troid, ag bruíon ná ag
iarraidh teacht salach ar a chéile . . .

Nuair a théimse ag siopadóireacht anois imíonn seisean ina bhealach
féin má bhíonn an fonn sin air. Feileann sé sin go breá domsa.
Bíonn saoirse agam mo rogha rud a dhéanamh. B'fhéidir dá mbeinnse
i siopa na nglasraí gurbh fhearr le Scáil imeacht leis agus tréimhse a
chaitheamh i siopa bláthanna, i siopa ceoil, nó i dteach an óil fiú dá
mbeadh tart air. Scaití nuair a bhíonn mo chuid siopadóireachta ar fad
déanta agamsa bíonn deoch againn le chéile sa gciúnas – leathghloine
aigesean, óir siad is fearr leis, agus pionta agamsa. Corruair fanann sé
sa teach ósta i mo dhiaidh, go háirithe ar an Aoine, agus déanann a
bhealach abhaile ar a chonlán féin. Fanann sé amuigh amanta a mbíonn
fonn téaráil air go mbíonn na pubanna dúnta, nó go dtugtar *gentleman*
air. Buíochas mór le Dia bíonn sé de chiall aige tacsaí a fháil abhaile má
bhíonn sé súgach. Níor mhaith liom mo charr féin a fhágáil aige ar fhaitíos
na bhfaitíos. Níl mé cinnte fiú an bhfuil tiomáint aige, ach is dóigh gur
ag a leithéid a bheadh óna stánadh grinn laethúil ormsa . . .

Timpeall an tí is ciúine a bhíonn sé, é chomh ciúin socair le uainín
beathaithe. Ceapaim uaireanta gurb amhlaidh a bhíonn sé ag iarraidh
gan cur isteach orm; mar bheadh a fhios aige go maith gur breá liomsa
mo spás féin. Is mar gheall air sin, seans, nach n-ólann muid tae i bhfochair
a chéile de ghnáth – mura mbeadh uair sa gcéad. Fanann sé go mbíonn
mo chuid tae ólta agamsa agus an bord glanta sula dtarraingíonn chuige
a chuid. Lena cheart féin a thabhairt dó glanann sé suas ina dhiaidh.

De ghnáth níonn mise na soithí agus triomaíonn seisean iad mura mbeadh duine againn as baile. Aon uair a mbím féin as baile, nó dá mbeinn mall chuig an tae – d'fhágfadh sé mo chion réidh ar an bpláta dom. Bheadh mo bhéile leagtha amach ar an mbord romham, nó sin sa *microwave*, gan le déanamh agam ach cnaipe na nóiméadachaí a bhrú le mo mhéar. Bheadh braon uisce te fágtha sa gciteal . . .

Caitheann muid beirt an chuid is mó de na hoícheanta ag léamh nó ag breathnú ar an teilifís. Bíonn muid ar aon bhuille chomh fada agus a bhaineann le cluichí sacair agus cláracha spóirt: ár súile greamaithe den bhosca. Níl a fhios agam cé againn is measa. Ach cláracha nuachta! A mhic ó na feannadh is fuath leis iad. Is tuigeann sé go mbímse santach ag iarraidh an nuacht a fheiceáil chuile oíche. Ach ní osclaíonn sé a bhéal, an diabhal bocht. Ní osclaíonn . . . ach leabhar nó iris a tharraingt chuige den bhoirdín caife agus tosú ag léamh nó ag breathnú ar na pictiúir – ag caitheamh corrshúil amach thar bharr na leathanach, ag tnúth le deireadh na nuachta is tuar na haimsire . . . sin nó an *walkman* a bhualadh suas faoina chluasa, síneadh siar ar an gcathaoir mhór agus a shúile a dhúnadh . . .

Ach mhaireadh sé ar scannáin, go háirithe *science fiction*. Tugaim cead a chinn dó. Ní fhéadfainn féin breathnú ar a leithéid. Scanraíonn siad rómhór mé. B'fhéidir go dtosóinn ag léamh, ach níos minice ná a mhalairt d'éalóinn ón seomra suite ar fad. Sin é an t-am a scríobhaim litreacha, a ndéanaim glaonna gutháin nó a ndéanaim mo chuid iarnála nó jab eicínt eile timpeall an tí . . . Osclaíonn sé doras an tseomra suite nuair a bhíonn an scannán críochnaithe, le tabhairt le fios go bhfuil fáilte ar ais romham, is dóigh, má tá mé ag faire amach do chlár eicínt eile. Má bhímse róchruógach coinníonn sé air ag *flic*eáil thart ó chainéal go cainéal leis an gcianrialaitheoir . . . as sin go ham codlata.

Ní théann muid a chodladh le chéile an-mhinic níos mó. Bímse i mo sheomra féin agus eisean de ghnáth i seomra na gcuairteoirí – seomra a bheadh folamh i gcónaí murach é. Is é féin a thosaigh ag úsáid seomra na gcuairteoirí. Níor thug sé aon leid dom cén fáth, má bhí aon chúis faoi leith aige leis. B'fhéidir go mbímse ag srannadh ró-ard nó tharlódh nach bhfuil ann ach go bhfuil sé deacair cur suas liom sa leaba. Rud amháin cónaí faoin díon céanna le duine ach is mór idir sin agus codladh faoi aon phluid amháin freisin. Táid ann nach bhfáilteodh roimh a leithéid. B'fhéidir gurb amhlaidh do Scáil. Ach ní hin le rá nach gcodlaíonn sé liom anois is aríst. Uaireanta sleamhnaíonn sé isteach i mo sheomra uaidh féin beagnach i ngan fhios. De réir mar a bhíonn fonn air, is dóigh. Ar ndóigh, roinnim mo leaba leis go fonnmhar. Uaireanta cuireann sé a lámha timpeall orm – go ceanúil, sílim – cosúil le comhghleacaí a bheadh ag suirí liom. Beireann muid beirt barróg ar a chéile ansin go foscúil fáisciúil, ag sú cion fir as a chéile. Ó is breá liom na nóiméadachaí sin . . . Ba bhreá liom dá mairfidís go deo. Bím ag iarraidh iad a fhadú. Braithim gur maith le Scáil iad freisin, nach bhfuil uaidh ach iad a roinnt liom. Ach ní dheireann sé tada, ar ndóigh. Ach uaireanta ní gá focail idir páirtithe . . . nuair is binne an ciúineas.

Scaití titeann muid inár gcodladh sámh i mbaclainn theolaí a chéile, ár ngéaga snaidhmthe go ceanúil, chomh séimh soineanta le dhá choileán óga bheathaithe. Ach, nuair a dhúisím ar maidin is minic go mbím liom féin – gan tásc ná tuairisc ar mo Scáil. Seo tuilleadh dá chuid ealaíne. Éalaíonn sé leis uaim de ghnáth in uair mharbh na hoíche. Is fearr leis teacht lena chomhluadar féin is dóigh, fios maith aige go mbíonn duine níos compordaí ina aonar sa leaba. Táim ag ceapadh go bhfuil drochfhaisean agam féin ar aon nós, bheith ag ciceáil i mo chodladh. Deireadh mo mháthair liom go mbíodh. Cá bhfios nach ceann de mo chuid ciceanna fiáine a dhúisíonn é, is a ruaigeann amach é – is é sin má thiteann codladh, ar bith air. Bím ag déanamh amach amanntaí nach dtiteann, nuair nach bhfeicim ariamh ag méanfach uaidh féin é, ná dá shearradh féin seachas nuair a bhíodh ag aithris go magúil ormsa. Níl suim ar bith aige éirí moch. Níor rug an codladh ariamh air. Níl ann ach go dtéann sé a chodladh, sílim, mar go bhfeiceann sé mise ag dul a chodladh agus b'fhéidir le n-éalú ón dorchadas. Is cosúil, má tá faitíos roimh thada air, gur roimh an dorchadas dubh é . . . Ach bíonn sé go maith dhomsa mar sin féin má bheireann an codladh orm. Maidneachaí cliseann aláram an chloig, nó diúltaím géilleadh dá ghlaoch smachtúil. Fanaim im luí go trom sa leaba ag iarraidh sásamh marbhánta a shú amach as an nóiméad deireanach is giortaí . . . Agus féach go ndúisíonn Scáil mé. Dúisíonn sé mé ag croitheadh an philiúir faoi mo chloigeann go múinte. Ócé, ócé a screadaim, mé sách grumpaí maidineachaí áirithe nach mbíonn mo dhóthain codlata agam, táim ag éirí anois díreach . . .

Éirím go drogallach leisciúil agus daoraim mo lá oibre ar nós chuile dhuine. Maidir le Scáil ná fiafraigh díom cén chaoi a gcaitheann sé an lá nuair a bhímse as baile. Déanann sé roinnt pointeála timpeall an tí ceart go leor. Cóiríonn an leaba. Hiúvarálann an t-urlár. Glanann an chistineach is mar sin de. Ach dhéanfadh duine an méid sin in uair an chloig, agus is beag eile a bhíonn le déanamh i mo theachsa, is gan ann ach mé féin. Cá bhfios dom céard eile a dhéanann sé. Tharlódh go gcaitheann sé tréimhsí fada den lá ag scagadh a chuid brionglóidí nó ag iarraidh éisteacht lena mhacalla . . .

Agus is ar bhealach cineálta séimh nach réitíonn muid lena chéile. Is minic – i ngan fhios dom féin b'fhéidir – go gceapaim go bhfuil ag éirí thar barr linn mar bheirt atá scartha óna chéile. I bhfad níos fearr ná dá mbeadh muid pósta i ngrá. Ní gá dúinn a bheith dílis dá chéile ach is féidir linn a bheith más maith linn. Is mór liomsa, agus le Scáil, sílim, an tsaoirse sin. Ní bhíonn muid ag achrann, ag argóint, ag treascairt ná ag imirt cleasanna suaracha ar a chéile ach oiread, ag iarraidh theacht i dtír ar laigí a chéile. B'fhéidir go n-admhódh daoine maithe fiú go mbreathnaíonn muid amach dá chéile ar ár mbealaí aonracha féin . . .

Is níl tada agamsa ina choinne dáiríre. Breathnaím ina dhiaidh chomh maith agus atá mé in ann, mar a dhéanfainn le duine ar bith eile de mo mhuintir a bheadh in aontíos liom. Déanaim amach go bhfuil sé féin buíoch díomsa – cé nár ríomh sé sin i bhfocail ariamh, ar ndóigh. Ach feictear dom murar ar mo shúile atá sé go sméideann sé a chloigeann orm go moltach ó am go chéile. Is an gcreidfeá – go sábhála Dia sinn ar an anachain – go mbeinn an-trína chéile dá dtarlódh tada dó. Bheadh. Bíonn an-imní orm faoi sin scaití. Dá gcaillfí tobann é de bharr taom croí nó stróc, abair – nó fiú dá mbuailfeadh carr é agus é ag trasnú an bhóthair – agus na bóithrí chomh contúirteach agus atá siad . . . chuile charr beo ag bútáil faoi luas lasrach. Sea, dá marófaí é bheadh an-uaigneas go deo orm. Uaigneas damanta. Uaigneas, imní agus briseadh croí. Díreach mar a bhí roinnt blianta ó shin nuair a chaith sé trí lá ar iarraidh. Chaith. Trí lá damanta a chaith mé dá thóraíocht ar na sléibhte. Amuigh ag fiach a bhí muid, gunna an duine againn. Chuaigh seisean bealach amháin agus mise bealach eile, socrú déanta againn casadh lena chéile níba dheireanaí. Mise a lean an gadhar. Murach sin b'fhéidir gur mé féin a rachadh amú. Is shiúil mé thoir agus thiar, romham agus i mo dhiaidh ar feadh trí lá dá thóraíocht. Tóraíocht. Tabhair tóraíocht air. Trí lá fada agus mo chloigeann tollta le himní. Mé báite fuar fliuch. Ag síorshiúl sléibhte agus gleannta. An gadhar i mo theannta ag leanacht a shrón roimhe: mise ag ligean gach re fead ghlaice agus ag screadach a ainm os ard. In ard mo chinn is mo ghutha. 'Scáil . . . Cá bhfuil tú? . . . 'Scáil . . . 'SCÁIL . . .' Gan ag teacht ar ais chugam ach mo mhacalla mantach leadránach féin. Imní an diabhail orm nach bhfeicfinn go deo arís le mo bheo é – nuair a thug mé suas mo chás th'éis trí lá agus trí oíche . . . mé ag cur rírá paidreacha le hanamacha na marbh . . .

Is nach raibh sé sa mbaile romham an diabhailín bocht nuair a chrágáil mé isteach an doras! Tine bhreá fadaithe aige agus an teach téite. Mo shuipéar te réidh ar an mbord dom. Mura raibh ríméad orm an oíche úd ní lá go maidin é . . . Bhí a fhios agam nach mbeadh sé féaráilte iarraidh air míniú a thabhairt ar an eachtra. Cén chaoi a bhféadfainn!

Sin é an fáth a mbeadh an-uaigneas anois orm dá dtarlódh tada dó, an créatúr. Go deimhin, tá amhras orm an bhféadfainn maireachtáil dá uireasa. Nach bhfuil an oiread aithne agam air faoi seo, agus atá agam orm féin. Nach bhfuil mé th'éis mo shaol a chaitheamh leis, a roinnt leis. Braithim gur mó é ná mise, agus gur cuid díomsa eisean. Is maith liom é. Bíonn mar a bheadh fonn mór orm féin scaití tréigean liom amach asam féin agus isteach i mo Scáil, agus mé féin féin a fhágáil i mo dhiaidh. Mé féin a fhágáil amuigh ansin as mo bhealach féin ar fad. Tharlódh go mbeinn saor ansin mar Scáil – saor ó phian, saor ó imní, saor ó mhíle ní . . . Ba chuma liom ansin an lá a bheith fliuch nó fuar. D'fhéadfainn dul amach ag siúl sa mbáisteach gan mo gheansaí ná mo chóta mór . . . Ní chuirfeadh an fuacht damanta dath gorm orm. Ní bhfaighinn dó gréine ón ngrian ná plúchadh ón mbrothall. Ní bheadh beann agam ar rud ar bith beo. Sea. D'fheilfeadh go mór dom a bheith i mo Scáil. Tá seanaithne agam ar Scáil agus ceapaim go dtuigim a bhealach maireachtála agus a shaol faoi seo . . . Is tá sé ócé.

Agus is ar éigean gur thréig an diabhal bocht ariamh mé ón gcéad lá. É níos sine ná mé, freisin, agus seans maith, níos ciallmhaire. É mar a bheadh treoraí ann dom ó thús ama. Nach cuimhneach liom go maith é a bheith ansin an nóiméad ar rugadh mé. Nach é Scáil bocht an chéad duine a chonaic mé. É ina luí ansin ar an mbraillín bán romham ag fanacht, dá mhéadú is dá chruthú féin domsa de réir mar a brúdh go fáisciúil isteach sa saol mé. Cuimhneoidh mé go deo air. É díreach amach romham ansin ag fáiltiú . . .

Cén t-iontas go n-aireoinn uaim é mar sin, an créatúr, dá dtarlódh tada dó. Níor cheart dom é seo a rá, b'fhéidir, ach b'fhearr liom go mór fada dá n-imeoinn féin roimhe. Ba mhaith liom a cheapadh go mbeadh Scáil ann i mo dhiaidh – go mbeadh sé fós beo ansin le m'ais, é ag sileadh amach asam agus mise sínte siar os cionn cláir . . . Ach nach í an imní dhamanta a bhíonn orm ná go ndúiseoidh mé maidin eicínt agus go bhfaighidh mé básaithe romham sa leaba nó ar an urlár é . . . Ní hé go bhfuil aon chosúlacht tinnis ná anró air ach . . . ach bíonn an bás tobann mistéireach ann. Is céard a dhéanfainn ansin? Cén chaoi sa diabhal a bhféadfainnse a shocraid a láimhseáil gan é agam mar chuideachta . . . tórramh, paidreacha, Aifreann, cártaí Aifrinn . . . muintir an bhaile ag tarraingt ar an teach ag croitheadh láimhe liom, ag déanamh comhbhróin liom, comharsana ag iarraidh theacht i gcabhair orm, lámh chúnta á gealladh dom, comhluadar á choinneáil liom sna hoícheanta fada fuara aonaránacha geimhridh . . .

Ní fhéadfainnse dul tríd an méid sin choíchin. Mo shaol a ghineadh as an nua – saol gan mo Scáil féin fiú. Ba chreachta go mór mo shaol gan Scáil fiú má bhí seanaighneas seafóideach eicínt eadrainn fadó an lá . . .

Mé féin is measa. Mé féin is cionsiocair le chuile thrioblóid. Nár chóir go dtuigfinn nár thaithin an scáthán le Scáil, go raibh mé ag iarraidh éalú uaidh nuair a stán mé isteach ann orm féin go postúil, go raibh mé ar tí é a chealú. Cén mí-adh a bhí orm bagairt air an mhaidin ghránna úd a bhéal a choinneáil dúnta, agus gan é ach ar mhaithe liom. 'Nach fada gur labhair tú. Más in é an sórt cainte atá rún agat a chleachtadh coinnigh do bhéal dúnta.' Cuimhním go maith ar mo ráiteas. Tuige nach gcuimhneoinn. Na habairtí stálaithe ó shin, mar a bheadh chipphriontáilte go místuama le siséal i mo chnámha. Iad pianmhar mar a bheadh scoilteacha ann. An méid uaireanta ó shin a dtabharfainn lán an leabhair dá mbeadh breith ar m'aiféala agam ionas go bhféadfainn breith ar na focail úd agus iad a shacadh ar ais siar i mo bhéal . . . nó cibé áit strainséarach thiar thíos ionam as a dtáinig siad . . .

Cén t-iontas nár oscail sé a bhéal ó shin agus fainic mar sin curtha agam air. Ní fhéadfadh sé a bheith chomh cúthail sin an t-am ar fad shílfeá. B'fhéidir go bhfuil faitíos air a bhéal a oscailt anois, ar eagla go ndéarfainn leis é a dhúnadh aríst, ós rud é gur lochtaigh mé an dá fhocal a dúirt sé an t-aon uair a d'oscail sé a bhéal. Nó b'fhéidir gur sórt aithrí síoraí dó a bhéal a choinneáil dúnta – purgadóir atá sé a chur air féin . . . Súil le Dia agam nach bhfuil an chaint imithe uaidh nó dearmadta aige. Má tá, is mise is cionsiocair leis seo ar fad. Mise agus mo chlab mór. Mise agus mo chlab mór, nach raibh sách mór lena rá leis ó shin go raibh aiféala orm, go bhféadfadh sé labhairt!

Ach sin a dhéarfas mé leis anois díreach. Nach mé an t-amadán mór nár dhúirt cheana leis é . . . go bhféadfadh sé easaontú liom agus a rogha rud a rá, bheith ag troid liom, ag bruíon, ag argóint, ag achrann . . . clabhta a thabhairt dom fiú, is mé a chur i m'áit féin.

Déarfaidh mé anois as láimh leis gur aige a bhí an ceart ó thús. Go bhfuil aiféala orm. Gurb eisean eisean. A chomhairle féin a ghlacadh. A thoil féin a leanacht. Gur faoi féin amháin atá sé más mian leis gliondáil leis ina bhealach féin. Nach liomsa é . . . ach go mbeidh mé féin anseo i gcónaí má theastaím uaidh. Cén smál a bhí orm nár chuimhnigh ar é sin a rá leis fadó ariamh an lá . . .

"'Scáil! 'Scáil! an gcloiseann tú mé – tá rud eicínt le rá agam leat . . . An bhfuil tú ag éisteacht liom . . .?" Cá bhfuil sé imithe uaim anois ar chor ar bith? Nach raibh sé ina sheasamh ansin ag an sinc soicind ó shin . . .

Breathnóidh mé sa seomra suite.

LEABHAR NA bPEACAÍ

BB '85

LEABHAR NA BPEACAÍ

Bhí an moinsíneoir bréagach. Bhí a shagart cúnta beagnach chomh bréagach leis. Thachtódh a gcuid bréag gnáthdhaoine ach ní thachtódh choíche an bheirt seo. Thacaigh bréaga na beirte le chéile mar mhaidí éamainn – buille righin ar bhuille. Amhail sraith maidí rámha ag sciorradh tríd an bhfarraige ba dhoiligh di a aithneachtáil scaití cé acu a labhair ar dtús. Ba chuma. Ba é an phaidir chapaill chéanna a d'aisfhreagródh. Aríst agus aríst eile. Is níorbh fhíor leath dar dhúirt siad . . . dar dhúirt siad faoin mbás lena hais. Bhí a fhios ag an tseanbhean sin. Bhí a fhios aici gur ag stealladh bréag di a bhí siad ó thús a saoil. Céard a bheadh ar eolas acusan faoin mbás ar aon nós – ach oiread le déagóirí fiosracha a bheadh ag spochadh le hasarlaíocht. Ba mhacánta na déagóirí go deimhin. Níor tharraing siad an slua isteach ina scéal, ach d'fhan i ngan fhios ar an gcúlráid. Ní ligfidís scil orthu féin amhail moinsíneoir agus sagart nó sagart agus moinsíneoir – ag brú téarmaí an tsaoil is an bháis uirthi chomh maith le dream a mbeadh an t-eolas acu. Cén tuiscint a bheadh acusan, ach oiread leis an té nár bhásaigh fós. Thuig sí nach bhféadfadh éinne sa saol labhairt faoin mbás, mar nár bhain leis an saol seo dubh, bán ná riabhach. Bhí a fhios aici go maith go mba leis an saol eile amháin an bás, go mba é an saol eile é dáiríre. Nach raibh fiú áit na leathphingine ar iasacht sa saol seo aige. Nach n-aithneofaí é anseo fiú dá bhfeicfí é. Agus ní fheicfí. B'fhacthas di nach raibh an bás ag iarraidh a ladar a chur isteach sa saol beag ná mór, ní áirím teacht isteach ann. Bhí sé ar a chompord ina bhaile féin. . .

Cosúil leis an tseanbhean ina bealach féin, a bhí leath ar a compord cé nach raibh sí in ann corraí. Is túisce a cheapfá gur caite ar an leaba a bhí sí, mar a bheadh th'éis titim isteach inti trí thimpiste in áit a bheith ina luí inti – le beagnach dhá bhliain anois ó bascadh ar an staighre í. Ach bhí sí saor ó phian ar a laghad ar bith. Bhí, seachas an tochas seanmóireachta cuileogach, a d'fhág guthanna an mhoinsíneora agus a shagairt chúnta sáite ina cluasa. Í díbheo gan aithne formhór an ama. Nóiméad ann is dhá nóiméad as. Buíochas le Dia as na nóiméid sin a

chuaigh as. Í síoraí seasta ag ídiú léi. Lá nó nóiméad ar bith feasta . . .
A dhá cos ar bhruach na huaighe.

"Is furasta cur aici anois," a deir an moinsíneoir. "Tá mé ag ceapadh
go bhfuil a cuid fataí ite, a cosa nite, agus a port seinnte."

" . . . A cosa nite," a mhacallaigh an sagart cúnta.

"Lá ar bith feasta. Nóiméad ar bith anois fiú . . . D'fhéadfadh sí an
buicéad a chiceáil."

" . . . An buicéad a chiceáil."

"Ar thug tú leat an nuachtán?"

" . . . Nuachtán."

"An nuachtáinín beag."

" . . . An nuachtáinín beag."

"Sea, an nuachtáinín beag daite. Tabhair dom é. Giorróidh sé píosa
den mhaidin dom, agus den tráthnóna más gá. B'fhéidir, an dtuigeann
tú, ar fhaitíos na bhfaitíos nach mbásódh an ceann seo anseo go dtí
deireanach anocht nó amárach."

" . . . Amárach . . ."

Amárach. Chuir an focal tochas ina cluas, nár fhéad sí a scríobadh.
Chuir ga ann, mar a dhéanfadh seangán sciathánach nach mbeadh sí
in ann a ruaigeadh, a bheadh ag coisíocht isteach agus isteach
tuilleadh ina cluas gan scáth ná eagla. Amárach, a smaoinigh sí ina
míogarnach, agus gan a leithéid de lá ann beag ná mór. Ní raibh
ariamh. Iad ag caint faoi amárach chomh maith agus dá mbeadh
tuiscint acu air. Nár chóir go mbeadh a fhios acu go maith nach bhfuil
amárach ar bith sa saol, nach seasfaidh amárach istigh ar leic teallaigh
an tsaoil seo inniu go deo . . .

Labhraídís faoi inné más maith leo. Bheadh ciall éigin leis sin.
Fuair chuile dhuine beo greim eicínt ar inné, agus seans go
dtuigfidís é. Ach amárach . . . Agus bhí dul amú ar an moinsíneoir
mór léannta agus ar a shagart cúnta faoi ruidín chomh simplí
suarach leis sin . . . Nó sin gan uathu ach dallamullóg a chur ar
dhaoine bochta . . .

"Tá cead ag fir a chéile a phósadh i gcuid de na stataí thall i Meiriceá."
An moinsíneoir ag tagairt d'alt a bhí á léamh aige ar an bpáipéar.

" . . . Fir a chéile a phósadh!" a rithimigh an sagart cúnta, cineál drogaill
air breathnú thar a ghualainn isteach sa bpáipéar.

"Faigheann mná, a chuireann a gcorp ar fáil ar feadh naoi mí d'fhir
strainséaracha shaibhre lena bpáistí a iompar suas le fiche míle dollar i
Maryland . . . Sin suas le trí mhíle dhéag punt, nach ea?"

" . . . Trí mhíle dhéag punt. Anois nach iontach iad cuid de na scéalta . . ."

"Leag tornádó ocht míle teach i dTexas agus anois tá tríocha míle duine
fágtha gan dídean. Súil agam nach sroichfidh an tornádó sin Éirinn."

" . . . Tornádó go hÉirinn. Níl an scéal sin faoin tornádó spéisiúil.
Róscanrúil ar fad. Róchontúirteach. An féidir leat scéal éigin níos
blasta a aimsiú?"

"Foighid ort," a deir an moinsíneoir, ag iompú leathanach den
pháipéar. "Céard seo! An T.D. a phiocann suas striapacha trí oíche sa
tseachtain agus a thiomáineann ar ais chuig a óstán iad."

" . . . Trí oíche féin . . . mná nó buachaillí?"

"Fan go bhfeice mé. Fan go bhfeice mé. Agus na rudaí cincí ar fad a
dhéanann siad san óstán." Bhí an moinsíneoir ag léamh leis ar a sheacht
míle dícheall.

" . . . Rudaí cincí . . . cé chomh cincí?"

"Le beilteannaí, agus téadrachaí."

" . . . Beilteannaí agus téadrachaí."

"Tugann siad seirbhís éigin dó ar a dtugann siad spancáil."

" . . . Spancáil."

"Agus bíonn stocaí níolóin orthu."

"Ó . . . mná mar sin . . . seans . . ."

"Agus faigheann an T.D. seo an oiread costais agus go mbíonn sé in
ann táille na striapach a íoc as a chuid costas féin."

" . . . A chostas féin. Nach aoibhinn Dia dó," a dúirt an sagart cúnta.
"Dá mba rud é nach mbeinn i bhfostó sna sagairt ba mhaith liom a bheith
i mo pholaiteoir."

Cé dúirt go mba mhar a cheile uile iad. Polaiteoirí. Eaglaisigh. Eaglaisigh
lena gcuid éadaí geala aingil. Níor chreid an tseanbhean gur mhar.

D'aithin sí an mhaith thar an olc, cheap sí. Ach níor thaithin a bhformhór léi. Go leor acu ag iarraidh an dubh a chur ina bhán ar dhaoine. D'éirigh leo freisin. B'in é díol an mhí-áidh. Iad chomh milis le mil. Chomh séimh cneasta. Chomh cineálta cairdiúil. Chomh liom leat. Faoi scáth scáile a chéile i gcónaí . . .

"Í seo anseo," a deir an moinsíneoir. "Oscail Leabhar na bPeacaí dom go beo go bhfeice muid cé na peacaí móra a rinne sí ina lá breá. Go bhfeice muid an féidir iad a mhaitheamh ar chor ar bith. Go bhfeice muid cén phurgadóir a bheas i ndán di murab é ifreann dearg dóite féin é."

" . . . Purgadóir . . ."

Purgadóir. Nár bheag an dochar dóibh náire a bheith orthu labhairt faoi phurgadóir. Nár shaothraigh sí féin a saol i bpurgadóir, nuair a shacadar ann í agus í fós beo beathach ina sláinte. An chéad lá eile, tharlódh sé go ndéarfaidís nach raibh purgadóir ar bith ann – go raibh athruithe déanta, aríst eile . . . Nár dúnadh liombó, th'éis go mba mhór i gceist é tráth a hóige! Ní raibh liombó ar bith anois ann – do chréatúr ar bith a bheadh amaideach go leor géilleadh dá mbréaga. Agus céard faoi na leanaí bochta neamhbhaiste go léir a bhí imithe – nó in ainm is a bheith imithe go liombó – cá rabhadar cealaithe anois . . . mura raibh liombó ariamh ann? Bhí botún as cuimse déanta ag duine eicínt, in áit eicínt, ach ní dó ba chóir trua a bheith ach do na créatúir bhochta de mháithreacha croíbhriste a shlog a dteagasc. Nár chuimhneach léi féin bean ar rugadh naonúr leanbh marbh di – naonúr leanbh naoi mbliana i ndiaidh a chéile. Iad uile imithe go liombó, a dúirt siad, ceann i ndiaidh a chéile . . . Ní bheadh aon phian orthu ach ní fheicfidís Dia . . . Ba é toil Dé é, a dúirt siad. Ní raibh neart ar bith air ach ní fhéadfaidís é a fhágáil go deo deo na ndeor, a dúirt siad, fiú mura raibh tada déanta as an mbealach acu . . . de bharr peaca tógálach an tsinsir ní fheicfidís solas aghaidh Dé go deo, a dúirt siad. Ní bheidís ag foluain go gealgháireach ag geataí na bhflaitheas le fáiltiú roimh a máthair féin a d'iompair iad go pianmhar . . . Agus bhí sé sin ar fad creidte aici agus ag na glúnta léi . . . chuile fhocal beo di. Nár dhúirt an sagart é. Nár dhúirt an sagart é . . . nár dhúirt sé geábh ón altóir é . . .

Agus bhí liombó caite in aer anois acu. Chuir gam eicínt deireadh leis in aon nóiméad amháin, is dóigh . . . Le stríoca amháin státseirbhísiúil dá pheann. Cá raibh an gam sin leis na glúnta bliain, fad a bhí aithreacha ag cur coirpíní gléigeala a naíonán faoi dhorchadas náireach na hoíche i gclaíocha teorann . . . Ba ag an gcleas óg a bhí an ceart. An dream óg seo nár thug aird an mhada ar an gcléir, ar shacraimint ná ar Aifreann. An dream óg seo a chaith maidineachaí Domhnaigh ina suí ar sconsaí ag geataí séipéil ag caint go glórach ina dteanga féin faoi spórt is faoi fhaisean . . . Iad féin agus a liombó, agus a bpurgadóir . . . Ach ropaidís leo anois.

An chéad rud eile ba dóigh, dá mairfeadh sí beo sách fada déarfaidís nach raibh aon ifreann ann ach oiread . . . dá mbeadh éinne fós ag éisteacht . . . nach rabhthas á rá cheana nach raibh aon tine anois ann – gur staid a bhí ann – agus gan ann ach bladhrach de thine ollmhór tráth ina mbíodh na diabhail cruinnithe timpeall, agus pící géara dearga acu ag píceáil peacaigh isteach inti . . . Ach bhí ifreann cinnte ar thalamh. Nach raibh sí féin curtha ann acu chomh minic sin. Ba den saol seo agus ní den saol eile purgadóir agus ifreann. Mura ndéanfadh sí deifir agus bás a fháil, b'fhéidir go mbeadh na flaithis féin dúnta acu roimpi . . .

"Cén sórt méaracha tá ort ar chor ar bith, nach bhfuil Leabhar na bPeacaí oscailte fós agat."

"Tabhair seans dom," a dúirt an sagart cúnta go támáilte, ag sciorradh a mhéar tríd an leabhar sleamhain go deifreach. "Cén rannóg atá uait?"

"Aitheanta Dé ar ndóigh. Ní mór do gach éinne onóracha a fháil iontu sin. Is astu sin atá na marcanna deireanacha ar fad suimithe suas."

" . . . Suimithe suas . . . Fan soicind, tá siad agam, a mhoinsíneoir. Tá siad agam."

"Uimhir a sé. Uimhir a sé. Seo é an ceann suimiúil. Deifrigh go dtí uimhir a sé láithreach."

"A sé. A sé."

"Uimhir a sé. Ná déan drúis."

"Drúis. Drúis D. D. D-r le haghaidh Drúis . . ."

"Ara, is cuma dáiríre faoin gcuid eile. Ní gá dúinn iad a sheiceáil fiú.

Uimhir a sé an ceann mór. Ó faigheann go leor acu ceád onóracha sna naoi gcinn eile ach mo léan, mo leán tá uimhir a sé *dodgy*, chomh slim sleamhain agus go bhféadfadh easpag naofa féin sciorradh ann agus é féin a smearadh mura mbeadh sé cúramach airdeallach . . ."

"Tá sé agam, tá sé agam."

"Agus cén comhartha atá ann?"

"Spota mór dearg."

"Á go deimhin bheadh, bheadh. Bheadh spota mór dearg ann. Nach beag nach bhfeicim as seo é, th'éis chomh caoch is atá mé. D'fhéadfainn é a thomhas. Á bíonn an ceart agam i gcónaí, nuair a bhím faoi bhrú oibre, gan leath de na haitheanta eile sna leabhair a sheiceáil ach deifriú díreach go dtí uimhir a sé."

"Agus céard a chiallaíonn an spota dearg?"

"Gur thit sí, a phleib. Gur thit sí. Peaca na feola ar ndóigh. Peaca mór te na feola . . . "

Feoil. Feoil . . . Bhí feoil agus feoil ann. Chuir siad daoine bochta amú faoi sin freisin. Ná hithigí feoil ar an Aoine, a dúirt siad. Ná hithigí. Níor ith na créatúir ach oiread. A liachtaí duine a chuaigh ar bholg cogarnach folamh. A gcuid putóg snaidhmeacha ag allagar le chéile ina n-agallamh beirte. Troscadh is tréanas, a dúirt siad. Is gan call ar bith leis . . . Aoine Chéasta! An Aoine Chéasta úd ar tháinig sleaic ocrais ar a deirfiúr torrach agus ar scoilteadh a blaosc nuair a buaileadh faoin urlár í. Dúirt siad gurb é toil Dé é sin freisin. Agus spóla feola curtha i dtaisce aici i mias i gcófra sa gcistin as bealach na míoltóg. Amach ag an ngadhar a caitheadh é trí lá ina dhiaidh sin nuair a tháinig boladh uaidh. Seachtar clainne a d'fhág sí ina diaidh, seachtar clainne – iad uile faoi bhun ocht mbliana. Dá mbeadh an fheoil fhéin ansin acu – gan deoraí acu a chuirfeadh plaic ina mbéal. Gan deoraí ach í féin . . . iad féin agus a gcuid feola. Bhí siad ar fad á smailceadh anois – seacht lá na seachtaine: seacht lá na seachtaine agus Dé hAoine . . . Bheadh a rósta nó a shicín ag an moinsíneoir agus ag a shagart cúnta fós tráthnóna . . .

"Agus féach anois í. An bhean úd a thit i bpeaca na feola. Nach beag is fiú a céadfaí le breathnú anois uirthi."

" . . . Nach beag."

"An bhean a raibh páiste neamhdhlisteanach aici."

" . . . Neamhdhlisteanach?"

"Sea, neamhdhlisteanach. Is maith liom am focal sin, cé go bhfuil daoine ar a míle dícheall ag iarraidh an nimh a fháisceadh as an bhfocal, é a dhíluacháil agus é a ruaigeadh as foclóirí na ndaoine ar fad – nó fiú amháin, níos measa fós – focal maith a dhéanamh de.

" . . . Focal maith."

"Ach dá bhféadfaí an peaca seo a ghlanadh di. Dá bhféadfadh sí aithrí a dhéanamh."

" . . . Aithrí . . ."

"Anonn leat taobh thall den leaba agus labhair isteach ina cluais i mo dhiaidh-sa. Clúdóidh mise an chluas seo ón taobh seo . . . ar fhaitíos nach dtiocfadh aon dé ar ais inti níos mó. Ar fhaitíos nach mbeadh deis aithrí aici féin choíche."

Tar éis chomh te agus a bhí a cluasa. Inneall an tsaoil ag fiodmhagadh fúithi. A leithéidí seo á saighdeadh ón altóir. Gan an dá bhocailéaró seo tada níos fearr. An moinsíneoir agus a ghiolla cúnta. Faitíos ar an ngiolla abairt a rá gan an boc eile a cheadú. Faitíos air smaoineamh dó féin fiú. Bheadh sé traenáilte fós. Foghlaeirí. É ag rith i ndiaidh a mháistir is amach roimhe mar mhadra caorach ag freastal air. Ag timpeallú lucht an aimhris i dtréad scanraithe. Á dtiomáint rompu. Anois, bhodhróidís a cluasa geábh amháin eile, go dtí an dé dheireanach dheiridh, mar a bheidís ag baint sásaimh as . . .

Agus an díomá céadach a bhuailfeadh í gach uair a dtagadh an mheabhair ar ais chuici – nuair a ghéill a saoirse, in aghaidh a tola – nuair a d'aithin sí éisteacht aríst, nuair a d'aimsigh sí a cuimhne athuair as pluais eicínt. An díomá mór a bhain le bheith sa saol seo fós, an daoirse a rith leis an gcoinsiasacht, fios a bheith aici go raibh sí ann . . . ann i gcónaí. Níor thuig sí i gceart an bás nó gur bhraith sí gur fholuain cúpla tréimhse taobh amuigh dá corp saoil. B'fhiú foluain taobh amuigh den saol. B'fhiú bás a fháil seachas a bheith slogtha ag an saol nó a bheith ag slogadh an tsaoil fhabhtaigh a cuireadh as a riocht. B'fhiú an bás foluaineach, fiú murab é an bás iomlán féin a bheadh ann, ach timpiste shealadach de bhás, idir an dá linn . . . nó go dtiocfadh an bás ceart cinnte ar ball.

"Ó mo Dhia tá doilíos croí orm faoi fhearg a chur ort, faoi mo chuid peacaí,"

"Agus tá rúndiamhair agam faoi mo chuid peacaí gan fearg a chur ort . . ."

"Aríst go brách . . ."

"Aríst go brách . . ."

Fearg . . . Fearg. Go brách. A nguthanna á n-ardú agus á radadh le teannadh isteach ina cluasa príobháideacha acu. Mar a d'fhórsáilfí as *gettoblaster* iad amach as fuinneog árasán cathrach agus isteach béal dorais. Ní fhéadfadh sí iad a sticeáil níos faide. Lá i ndiaidh lae. Seachtain i ndiaidh seachtaine le blianta, le saol iomlán. San aon saol amháin. Phléascfadh sí. Phléascfadh sí muna labhródh sí uair amháin eile. Cé go raibh an dé á sú aisti. Tháinig corraí beag ar a haghaidh, ar fhabhraí a súile, ar liopaí a béil. . .

"Biseach an bháis! Biseach an bháis!"

" . . . Biseach an bháis."

"Buíochas mór le Dia."

" . . . le Dia . . ."

"Anois nach maith é ár nguibhe. An dea-thoradh a thagann as dóchas agus paidreacha."

" . . . as paidreacha."

"Ós cinnte gur aithrí atá sí ag iarraidh a dhéanamh. Athfhilleadh. An fhaoistin dheireanach."

" . . . aithrí agus faoistin dheireanach."

"Sula séalaíonn sí . . . sula mbeireann an bás uirthi."

" . . . an bás, an bás."

"Stop, stop. Tá sí ag iarraidh labhairt faoin bpeaca."

"Í féin a ullmhú don bhás."

" . . . ullmhú don bhás."

"Agus tá sibh mícheart faoin mbás freisin," a deir sí. "Ag iarraidh mé a scanrú atá sibh, de réir bhur nóis. Sin *bully*áil. A dhá *bhull*aí mhóra bhagracha bhréagacha. Tá sibh mícheart faoin mbás chomh maith le chuile rud beo. Bhí sibh mícheart faoin saol. Bhí sibh mícheart faoi liombó. Bhí sibh mícheart faoin bhfeoil. Bhí sibh mícheart faoi amárach. Bhí sibh mícheart faoin bpeaca, faoi phurgadóir, faoi ifreann. . . . faoi . . . faoi . . . faoi chuile ní beo. Is féidir libh a bheith go deas uaireanta . . . an-deas, ach mícheart san am céanna. Botún mór fíochmhar amháin sibhse. Dealg sa mbeo a dhéanann sileadh, a thagann i dtír ar dhromanna daoine bochta. Níl i gceist agaibh ach dul amú agus dallamullóg a chur ar dhaoine faoin saol agus síleann sibh an cleas céanna a dhéanamh leis an mbás bocht . . ."

"Ach beidh mise sábháilte i nglas géagach an bháis, gan orm tada a dhéanamh dom féin, ach ligean dó mé a shealbhú agus a thionlacan go ceann scríbe. Agus is é bhur slí bheatha é daoine a scanrú roimhe. Ní gá a bheith leath chomh réidh don bhás agus atá sibhse a rá. Ní le muid féin a réiteach don bhás anseo a tugadh an saol seo dúinn ar chor ar bith . . . Ní thuigeann an saol seo an bás. Ní thuigeann sibhse an bás. Ná habair liom go dtuigeann sibhse an bás – a dhá bhréagadóir bhradacha, a dhá scaibhtéara shearúsacha, a dhá bhligeard sráide . . ."

D'oscail béal an mhoinsíneora.

D'oscail béal an tsagairt chúnta.

". . . Cén chaoi a dtuigfeadh agus gan cead ag an mbás teacht isteach sa saol seo. Níl scáile an bháis ar a theitheadh fiú ceadaithe anseo. I bhfad uaidh. Ach beidh a lá féin ag an mbás, le cúnamh Dé, a bhuaicphointe caithréimeach féin, nuair a thiocfas an saol loite seo go dtí a lánstad."

Ar an leathfhocal *stad* a stop sí.

Dhún an sagart cúnta a bhéal.

AR PINSEAN
SA LEITHREAS

BB '85

AR PINSEAN SA LEITHREAS

Táim i mo chónaí sa leithreas leis na cianta anois. Socraithe síos go breá. Mé glasáilte istigh ann agam féin. Is ní raibh mé chomh sona sásta ariamh i mo shaol. Imíonn m'am eachtrúil chomh sciobtha sin. Níl a fhios agam go barainneach – agus is cuma liom – cé chomh fada istigh anseo anois mé. Blianta seans. Cén difríocht atá ann. Ní áirítear aon am anseo. Níl clog ar an mballa os mo chomhair. Níl aláram. Níl angelus. Níl sprioclá. Níl féilire. Níl gealach. Níl taoille. An t-aon dáta is cuimhneach liom ná an lá ar chríochnaigh mé ag obair sa státseirbhís – an lá cinniúnach úd a ndeachaigh mé amach ar pinsean luath: agus isteach sa leithreas, d'aon truslóg fhada amplach amháin. Isteach díreach. In aon tráthnóna amháin! B'in gaisce. Táim ag treabhadh liom ar mhuin na muice ó shin.

Cinnte shíl siad mé a stopadh. Shíl siad gearradh romham. Shíl siad m'intinn a athrú arís agus arís eile. Chuir siad chuile bhrú is chuile fhainic orm. Mo bhean chéile dhíchéillí féin ba mheasa a bhí, ach ba ghearr go raibh an chlann ar fad ag tacú léi. 'Is mór an náire thú!' 'Céard a déarfas na comharsana.' 'An bhfuil ciall ar bith agat.' 'Ní fhéadfaidh tú fanacht istigh ansin,' a deir siad, iad ag véarsaíocht d'aon ghuth. 'Tuige nach bhféadfadh?' a deirimse. 'Cé a stopfas mé?' D'éirigh mé cineál ceanndána spadánta. 'Is é mo shaol féin é agus nach féidir liom mo rogha rud a dhéanamh. *Get a life* sibhse,' a dúirt mé leo, 'chuile dhuine leadránach agaibh amuigh ansin. Agus ar aon nós, nach dtéann sibhse sibh féin isteach sa leithreas thuas staighre.' Spréach an chaint sin iad. Chuaigh siad sna cranna cumhachta ceart. Chiceáil siad bun an dorais mar a dhéanfadh gasúr taghdach dána a ghlasáilfí ina sheomra codlata th'éis dó leadóg a fháil gan údar.

"Ní hionann dul chuig an leithreas agus cónaí istigh ar fad ann," a deir mo bhean; "téann chuile dhuine chuig an leithreas ó thráth go chéile mar a bheifeá ag súil ó nádúr an duine agus glactar leis sin."

"Ní théimse, an dtéim?" a deirimse. "Tá tú mícheart aríst, a bhean, mar is gnách. Nach in ceann de na cúiseanna a bhfuil mé i mo chónaí ann. Tá mé istigh anseo mar go bhfuil mé anseo, mar go ndearna mé cinneadh dul amach ar pinsean istigh anseo. Ní gá domsa dul chuig an leithreas aríst go deo le mo bheo. Ócé! Scaipigí libh sibhse anois agus éistigí liom, a phaca diabhal."

Sílim gur chuir an chaint sin ina n-áit féin iad. Bhí a fhios acu go maith gur agamsa a bhí an ceart. D'fhág siad tamall mé. Cheap siad cinnte, is dóigh, go bhfaighinn *fed-up* istigh agus go dtiocfainn amach ag lámhacán as mo stuaim féin. Ach níl mise bréan den áit seo ar chor ar bith ná aon bhaol orm a bheith. Sin é an dul amú a bhí orthu ón tús. Cheap siad go mbeinn amach chucu i lár na hoíche, nó san adhmhaidin ar a dheireanaí ar nós gadhar náireach a mbeadh a dhrioball idir a dhá chois aige. Diabhal mo chos, muis. Is fearr liom go mór fada anseo – mo thóin leis an leithreas, gan aird agam ar an saol, ná ag an saol mór orm . . . ach amháin nuair a chuireann siadsan amuigh isteach orm.

Ar ndóigh, ní bhím ar an leithreas i gcónaí. Go deimhin ní bhím ar an leithreas ach corruair. Coinním cruógach mé féin. D'imeoinn craiceáilte mura gcoinneodh. Tá na ballaí bána breac agam le graifítí. Bím ag scríobh go dtagann tálach i mo lámh. Bíonn cluas orm ag éisteacht leis an uisce ag sruthlú gach uair a tharraingím an slabhra. Bíonn a fhios agam cé mhéad braon a líonfas suas aríst é. Díbrím an boladh uaim le séideogaí. Bím ag smaoineamh freisin – ag smaoineamh, agus ag smaoineamh, ar mhná ar thit mé i ngrá leo, ar dhreasanna cainte is argóna, ar oícheanta cuartaíochta, ar sheisiúin óil is cheoil, ar laethanta oifige . . . Ó ní bhíonn teorainn ar bith liom, ach mo chloigeann lán le smaointe i gcónaí.

Bím ag brionglóidí chomh maith – mo shamhlaíocht i gcónaí ag éalú uaim, ó fhás go haois, ó spiorad go spiorad, ó shaol go saol go baol. Bíonn mo chloigeann i gcónaí ag cur thar maoil agus ar tí pléascadh le brionglóidí aisteacha den uile chineál. Tá siad ar fad liostaithe i m'intinn anois agam – stóráilte agus grádaithe i ngrúpaí éagsúla de réir ábhair. Tá i bhfad níos mó acu ann ná mar a d'fhéadfá a chur isteach i ríomhaire mór cumhachtach. Agus bím ag stóráil brionglóidí nua ann gach maidin nuair a dhúisím agus ag déanamh comparáide eatarthu. Ach bíonn i bhfad níos mó ná brionglóidí ar m'aire. Bím ag rá amhrán agus rannta beaga filíochta, á dtarraingt aniar as cúinní dorcha i gcúl mo chinn agus ag séideadh an dusta díobh. Deirim mo chuid paidreacha ar ndóigh cúpla uair sa lá, mar a dhéanfadh dea-Chríostaí, agus deirim an paidrín páirteach chuile oíche – mé ag comhaireamh gach 'Sé do bheatha 'Mhuire' ar mo mhéaracha agus m'ordóga. Freagraím mo chuid paidreacha féin, ní nach ionadh, agus cheapfá scaití gurb amhlaidh atá daoine eile istigh sa leithreas liom. Bím ag guibhe chomh dúthrachtach diaga sin, na ballaí mar chomrádaithe ag caitheamh mo mhacalla féin ar ais chugam.

Uaireanta eile bím ag cur tomhaiseanna orm féin mar aclú intinne, agus ag iarraidh na freagraí a oibriú amach . . . Cé is faide gob an ghé ná gob an ghandail? Cén bhó is mó a mbíonn bainne aici? Céard a théann suas nach dtagann anuas? Cé acu is gaire duit – an lá inné nó an lá amárach? Bíonn an-spórt ar fad agam leis na tomhaiseanna, mé ag iarraidh na freagraí a aimsiú. Cumaim féin go leor tomhaiseanna nua dom féin ionas gur féidir liom mo chuid freagraí a chumadh freisin agus a chinntiú go mbeidh siad i gceart agam. Ní féidir le héinne a chruthú ansin go mbíonn siad mícheart. Ní móide go mbeadh na tomhaiseanna céanna cumtha ag éinne eile ar aon nós – ní áirím na freagraí a bhíonn agamsa dóibh. Cuirim olc an domhain ar mo bhean is mo chlann nuair a scairtim ceann de mo chuid tomhaiseanna amach os ard ina n-éadan. Bíonn siad mícheart beagnach i gcónaí, agus fiú an chorruair a mbíonn an freagra ceart aimsithe acu deirim leo go mbíonn dul amú mór orthu agus cumaim freagra nua bréige lom láithreach. Ar ndóigh, ní aithníonn siad an difríocht, na créatúir! Ach leanaimse orm.

Nuair a theastaíonn scíth uaim ó na tomhaiseanna, iompaím ar chleas eicínt eile – is tá an oiread caitheamh aimsire eile agam. Bím ag iarraidh mo ghinealach a ríomh siar – tá mo shin-seanathair ar thaobh mo mháthar aimsithe agam faoi seo . . . Mo chuid col ceathracha ar fad a chomhaireamh. Gaolta i bhfad amach a rangú. An gaol atá ag daoine éagsúla ar an mbaile lena chéile a oibriú amach. Na daoine a bhí geallta lena chéile tráth is nár phós. Na daoine ar an mbaile nach bhfuil ag caint le chéile agus na spiteannaí atá acu dá chéile. Iad siúd nach bhfuil ag caint lena chéile ach a bhfuil a gclann ag caint lena chéile ainneoin sin. Na daoine nach raibh ag caint le chéile uair amháin ach atá anois – nó iad siúd a bhí ag maireachtáil thíos i bpócaí a chéile tráth ach nach mbeannaíonn fiú dá chéile níos mó, ach trasnú ar an taobh eile den bhóthar nuair a bhíonn ag dul thar a chéile. Agus mura bhfuil siad sin ann . . .

Anois, cén chaoi a bhféadfainn fáil bréan den saol agus a mbíonn ar m'aire. Is ní tada an méid sin. Cén bhrí nuair a thosaím ar an obair fhisiciúil, *fly*álann an t-am sa leithreas. Is den riachtanas dom é go gcoinneoinn aclaí scolbánta mé féin i gcónaí. Agus *by dad* coinním. Cúpla céad *press-ups* chuile lá – *sit-ups*, *heel-ups* agus gach *up* eile dá bhfuil ann. Caithim suas le huair an chloig de gach lá ag bogshodar ar an spota. Rithim cúpla míle bóthair ar an ealaín sin agus is ag feabhsú atáim. Táim ag cur le mo luas i gcónaí. Dá mbeadh stopuaireadóir agam, ach níl, d'fhéadfainn an dul chun cinn a thomhas go cruinn . . . Is trua nach bhfuil ceann de na rothair sin agam a bhíonn greamaithe den urlár. D'fhéadfainn é a ghreamú ar an tsíleáil anseo agus a bheith ag rothaíocht liom. Ach is cuma, táim chomh *fit* le fidil mar atáim agus chomh folláin le bradán. Táim i bhfad níos fearr as anseo mar atá mé. Anois! Agus cheap siad nach bhféadfainn tada ar bith beo a dhéanamh istigh anseo ach amháin dhá rud nó trí. Ach is féidir liomsa saol iomlán cruthaitheach a chaitheamh sa leithreas. Ba chóir do dhuine ar bith atá ag dul ar scor dul isteach sa leithreas ar pinsean, a deirim leo. Bheinn féin básaithe – nó curtha chun báis agus i mo chréafóg fadó – dá mbeinn in áit ar bith beo eile. Ach ní thagann aon aois orm anseo, ach aois na hóige, ní hionann agus iad féin . . . Is amhlaidh atá siadsan caite ina scraitheachaí ar an gcathaoir mhór faoi smacht ag an gcóras satailíte teilifíse. Dá mbeinnse mar iadsan ní bheadh ionam ach sclábhaí. Sambaí de sclábhaí bocht . . .

"Nach bhféadfá dul amach don Spáinn," a deir sí liom geábh amháin, isteach faoin doras.

"D'fhéadfainn," a deirimse. Lig mé di tamall, fios maith agam go gcrochfadh sí í féin aríst.

"Dhéanfadh sé maith dhuit. Téann go leor daoine ar pinsean go dtí an Spáinn. Is maith leo an teas. Ba bhreá liom féin dul ann go deimhin."

"Tá a fhios agam go dtéann," a deirimse, "go háirithe má bhíonn siad ag gearán faoi scoilteachaí, agus ar ndóigh níor stop mise éinne ariamh ó dhul don Spáinn ar pinsean, ar stop?"

"Níor stop, a chroí." Labhair sí go lách an babhta sin. Fios maith aici gur chaith sí aontú liom.

"Bhuel ná stopadh éinne mise fanacht anseo ar pinsean mar sin," a deirimse.

B'in deireadh le scéal na Spáinne. Chuir mé díom an méid sin éasca go leor. Ní raibh sé baileach chomh héasca agam an sagart paróiste a ruaigeadh nuair a thug sí chugam é le go bhféadfainn faoistin a dhéanamh, agus m'anam a réiteach, mar a deir sí, 'mar nach raibh tú ag an bhfaoistin leis na cianta blianta.'

"Dheamhan faoistin muis," a deirimse. "Diabhal mo chos. Cén peaca a d'fhéadfainn a dhéanamh san áit a bhfuilim. Ar ghoid mé rud eicínt – bean mo chomharsan. Ar mharaigh mé duine eicínt istigh anseo. Ar inis mé bréag a rinne dochar. Ar tharraing mé ainm Dé anuas tríd an bpuiteach gan fáth. Ar thug mé drochshampla. An raibh mé ag *gamble*áil, nó ag tiomáint ar luas céad míle san uair istigh anseo. An ndearna mé ceann ar bith de na mílte peacaí breise atá sa Teagasc Críostaí nua. Huth! Ní raibh na peacaí sin ann fiú sul má tháinig mé isteach anseo. Cén chaoi a bhféadfainn iad a dhéanamh agus gan iad ann. An bhfuil a fhios agaibhse tada. Ar ndóigh, ní áit pheacúil an leithreas, an ea. Tá an áit seo saor ó chathú mealltach an diabhail."

"Ceart go leor! Ceart go leor!" An sagart a labhair, é ar a mhíle dícheall ag iarraidh mé a chiúnú. "Ar mhaithe leat atá muide. Tuigeann muid go bhfuil an-chion agat ar an áit ina bhfuil tú." Shíl sé láchín a dhéanamh liom ansin agus thug duine uasal orm. "Is peacaigh muid go léir, chuile dhuine againn. Ach más maith leat, a dhuine uasail, is féidir leat faoistin a dhéanamh ón áit ina bhfuil tú. Ní gá duit teacht amach fiú. Is féidir leat dul ar do leathghlúin ansin taobh istigh den doras agus beidh mé in ann maiteanas a thabhairt dhuit trí pholl na heochrach. Ar an mbealach sin is féidir leatsa d'anam a dhéanamh agus fanacht mar a bhfuil tú. Sé d'anam atá mé a iarraidh a shábháilt."

"M'anam a dhéanamh," a bhéic mé, "trí pholl beag caoch na heochrach. M'anam a shábháilt agus is cuma fúm féin! Gread leat nó cuirfidh mé broim fórsúil as poll mo thóna, amach trí pholl na heochrach, isteach i bpoll do chluaise. Gread!"

"Anois, anois, foighid ort. Ní gá a bheith mímhúinte. Níl do bhean chóir ná mise ach ar mhaithe leat. Tá tú ansin leis na blianta. Is níl sé go maith duit a bheith istigh ansin leat féin."

"Ná bí seafóideach," a deirimse. "Nach mbíonn Elvis agus Rushdie istigh anseo ag coinneáil comhluadair liom tamallacha móra. Bíonn muid ag imirt chártaí freisin. Bíonn *by dad. Big time.*"

"Anois, anois," a dúirt an sagart, "ní ag éirí níos óige atá tú ach, faraor . . . ach sean, cosúil linn ar fad . . . Tuigeann tú céard atá mé rá. D'fhéadfá . . . d'fhéadfá . . . d'fhéadfá . . . Dia idir sinn is an t-olc, bás a fháil lá ar bith feasta."

Phléasc mé amach ag gáire. Gháir mé agus gháir mé. "Bás a fháil," a deir mé de scairt aerach. "Bás a fháil agus is beag nach dtachtann sé thusa, a chréatúir, focailín chomh beag leis sin a rá amach. BÁS, BÁS, B-Á-S," a scread mé in ard mo chinn, ag baint sásaimh agus fad as an bhfocal agus as an macalla i mo thimpeall, sul má bhuail racht spleodrach eile gáire mé.

"A Athair naofa," a deir mé, agus mé i mo sheasamh ar mo chloigeann anois le harraingeacha gáire, mé ag labhairt amach tríd an scoilt faoin doras, "a Athair," a deir mé, "inseoidh mé rud amháin duit mar gur cosúil nach bhfuil sé ar eolas agat . . . An gcloiseann tú mé?" Tharraing mé dhá anáil tobann. "Ní fhaigheann daoine bás istigh sa leithreas! An dtuigeann tú? Ó faigheann daoine bás sa seomra leapa ceart go leor, sa seomra suite, sa seomra bia, sa gcisteanach, amuigh ar an tsráid nó sa ngairdín, ar an staighre scaití nuair a thiteann siad anuas agus fiú amháin sa seomra folctha. Sea, sa seomra folctha dá mbainfí truisle astu ag teacht amach as an bhfolcadh, nó dá mbáifí sa dabhach iad nó, agus go bhfóire Dia orainn, dá ngearrfaidís a gcuid rostaí – ach ní sa leithreas . . . Ní sa leithreas! Ní fhaigheann daoine bás istigh sa leithreas agus sin sin. Ócé?"

Bhí gearranáil orm th'éis an ráig chainte sin a chur díom. Tharraing mé m'anáil chomh sciobtha agus a d'fhéad mé gan mo shruth cumhrach cainte a mhantú.

"Ní fhaigheann daoine bás istigh sa leithreas," a dúirt mé aríst. "Go dtuga Dia ciall dhuit, a Athair, agus go bhfóire Mac dílis Dé ar do chloigeann cipín, ach ar chuala tú ariamh éinne ag rá, 'Cailleadh An tUasal X . . . i leithreas a thí chónaithe inniu?' Ar chuala? Níor chuala tú! Níor chuala agus cén fáth nár chuala? Mar nach dtarlaíonn a leithéid! Ní tharlaíonn básanna mar sin i Meiriceá fiú ná ar pháipéir Shasana! Agus ar aon nós, fiú dá dtarlódh – nó dá mbeadh ar tí tarlú ba mhaith liom a rá – ní ligfí dó tarlú, mar nach ligfí do dhuine bás a fháil sa leithreas. Cheapfadh daoine go mbeadh sé náireach nó scannalach nó . . . mímhúinte fiú. Agus ní bheadh daoine ag iarraidh a bheith mímhúinte an mbeadh! Thabharfaí amach as an leithreas duine sul má bheadh an dé imithe as, ionas nach gcaithfí a admháil gur sa leithreas a cailleadh é . . . Cibé scéal é ní fhógrófaí marbh é nó go mbeadh sé ina leaba. A Athair, a chroí, cé a d'admhódh go deo go bhfuair duine muinteartha leis bás i leithreas? Cé . . .? Chuirfeadh gligíní smeartáilte an bhaile agus na teilifíse ceist an ina shuí nó ina sheasamh a bhí sé, a athair – ag fiafrú cé acu faoiseamh a bhí uaidh, a Athair, ag rá nach bhféadfaidís, a Athair, an cheist a chur an é an faoiseamh eile – an tríú faoiseamh – a bhí uaidh. Ó neo!"

Níor tháinig mo shagart bocht ar ais is tá m'anam fós gan déanamh! Táim ag ceapadh nár thaithin mo chomhrá gaoismhear leis. Níor dhúirt sé amach díreach é sin, ach tá mé ag ceapadh nár thaithin. Seans go bhfuil sé cruógach anois ag sú faoisteanachaí as seanchréatúir eile sul má ligeann siad leis na hanamnacha a cheapann siad atá iontu. Ach tá m'anamsa – má tá a leithéid ionam – ócé, nó mura bhfuil, ní hé sagart na faoistine a shlánós é – ná a mheallfas amach as seo mé. Pleananna uile a bhí acu, ag ceapadh go dtiocfainn amach. Tá daoine lán de phleananna, chuile dhuine. Fiú mo dhlíodóir, tá sé lán de phleananna ach gur cinn dheasa iad, ach ní hé mo dhlíodóir bocht ach an oiread a mheallfas amach mé. Bhí sé ansin amuigh an lá cheana, lá cheana . . . eicínt cheana ar aon nós. Bhuail sé cnag ar an doras – rud nach raibh de mhúineadh ar an gcuid eile acu a dhéanamh – cnag beag aerach, agus é ag feadaíl san am céanna.

"Gabh mo leithscéal," a deir sé do mo bhadráil i lár an phaidrín bheannaithe, "an bhfuil cead agam cur isteach ort?"

"Tá tú th'éis cur isteach orm cheana féin," a d'fhreagair mé, "so tá sé beagán mall agat do leithscéal a ghabháil liom anois agus cead a iarraidh. Cé thú féin ar aon nós, nó cé leis thú?" – mé ag ligint orm féin nár aithin mé a ghuth.

"Do dhlíodóir, ar ndóigh, cé eile. Ná habair nach n-aithníonn tú mé. Nach mbeifeá istigh i gcillín beag saoil príosúin fadó agus faoi dhianshlándáil murach an méid cásanna cúirte a bhuaigh mé ar do shon – cén bhrí ach thú ciontach as na coireannaí ar fad a chuir siad i do leith agus as coireannaí go leor eile nach iad."

"Is fíor dhuit," a deir mé féin, ag cogarnaíl de ghlór íseal, "ach ná dearmad go ndearna tú féin go maith astu freisin, an méid uaireanta a fuair tú síneadh láimhe, nach mbacfaimid anois leo . . . ná leis an gcaimiléireacht eile sin, ach cheap mé go raibh mé réidh leatsa, ach is fear maith thú. Céard atá uait?"

"Saighneáil, ar ndóigh."

"Saighneáil go deimhin. Nach mé atá seafóideach. Céard eile a bheadh ó dhlíodóir ach saighneáil. Céard atá le saighneáil an babhta seo?"

"D'uacht, céard eile?"

"Ní comhartha maith é uacht a shaighneáil is dóigh. Ach ar a laghad ar bith tá uacht agam le saighneáil, rud nach bhfuil ag go leor. Is cneasta go mór thú ná an sagart bradach a bhí anseo tamall ó shin ag iarraidh orm m'anam a shaighneáil dó féin, agus gan anam ar bith agamsa ar ndóigh ó d'fhág mé i mo dhiaidh é taobh amuigh."

"Is maith liom go bhfuil tú toilteanach é a shaighneáil," a deir sé. "Céard a fhágfas tú ag do bhean chéile? Scríobhfaidh mé síos anseo é."

"Leaba shingil. Na flaithis a bheith dúnta uirthi agus ifreann mar dhuais aici," a deir mé féin. Bhí an méid sin ar bharr mo ghoib agam. "D'fhágfainn tuilleadh aici dá mbeadh agam, ach níl. Bíodh sí buíoch beannachtach as an méid sin féin. Chaith mé chuile mhíle ní eile."

"Beidh brabach maith aici ort sa méid sin," a deir an dlíodóir, "mura mbeidh an iomarca ann di."

"Beag an baol, muis. Chinn orm an iomarca a thabhairt ariamh di."

"Anois caithfidh tú na cáipéisí seo a shaighneáil."

"Sáigh isteach faoin doras iad."

Sháigh.

"Ach caithfidh finné a bheith agat."

"Nach bhfuil tusa mar fhinné agam."

"Ach níl mé in ann tú a fheiceáil."

"Dúin do shúile agus breathnaigh isteach trí pholl na heochrach."

"Ócé, déanfaidh sé cúis, is dóigh."

"Caithfidh sé."

"Tá gach rud socraithe mar sin ach rud amháin . . . cén áit ar mhaith leat go gcuirfí thú?"

"Cur! In ainm Dé, ní le cur atáim, muna gcuirfear beo beathach i dtalamh mé. Tá mé chomh gar don chré anseo is a bheas mé."

"Ach nach gcuirtear chuile dhuine."

"Cuirtear má fhaigheann siad bás, ach ní fhaigheann daoine bás sa leithreas. Céard a cheapann tú atá mé a dhéanamh istigh anseo, ach do mo choinneáil féin beo! Bheadh bás anseo róthrámatúil d'fhear beo agus ródhrámatúil dá mhuintir."

"Ó bheadh *alright*. Tá an ceart ar fad agat ach céard a ba mhaith leat go ndéanfaimis leat mar sin."

"Bhuel, ar ndóigh ní gá tada a dhéanamh liom . . . ach ligint dom . . . ach ansin aríst más maith libh amach anseo, agus más gá is féidir libh mé a chréamadh – beo beathach, ar ndóigh."

"Tú a chréamadh beo beathach! Ach ní féidir . . ."

"Is féidir! C.U. Burn. Gheall sé dom go . . ."

"Ócé, ócé. Deas go leor agus is furasta sin a shocrú leis ar chostas réasúnta ach amháin go mbeadh orainn do luaithreach a chur ansin . . . ó, ar ndóigh mo dhearmad, d'fhéadfaí é scaipeadh in áit eicínt nó b'fhéidir é a chur ar taispeáint. Ní gá go gcuirfí i dtalamh in áit faoi leith é ach chaithfí rud eicínt a dhéanamh leis."

"Ó, is beag a bheas ann. Coinnigh *pinch* amháin dó duit féin agus stóráil go sábháilte é istigh in do *egg-timer*. Is féidir leat é a úsáid gach maidin agus na gráinní a fheiceáil ag sciorradh síos le fána."

"Go hálainn ar fad. Go raibh míle maith agat agus fad saoil. Bainfidh mé an-úsáid as agus mé ag bruith mo chuid uibheacha. . . . ach an chuid eile den luaithreach . . . tuigeann tú nár dheas an rud é a fhágáil timpeall. Do bhean, an dtuigeann tú, do chlann nó an sagart santach bradach sin. Níor mhaith linn go leagfadh siadsan a gcrúba iongacha ort – fiú ar do luaithreach!"

"Ná bíodh imní ort. Tá bealach éasca as sin," a dúirt mé. "Beidh mé féin in ann gach rud a phleanáil. Níl le déanamh agat ach an fuílleach a phacáil síos i gcoiscín nuair atá sé fuaraithe agus a thabhairt ar ais dom féin anseo. Brúigh isteach faoin doras é go cúramach. Bí cinnte nach bpléascann tú an coiscín. Ócé!"

"Ócé. Ócé!"

"Beidh mé féin in ann mé féin a *flush*áil síos sa leithreas ansin nuair a thograím é – má thograím é."

AN MÁLA FREAGRAÍ
A GOIDEADH

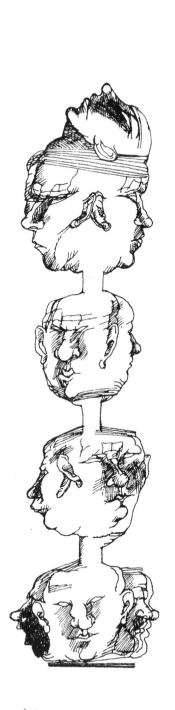

BB '85

AN MÁLA FREAGRAÍ
A GOIDEADH

Cén fáth go bhfuil an iomarca daoine sa saol? Cé mhéad droichead nár tógadh fós? Cé a phéinteáil an spéir is an fharraige gorm? Cén fáth go mbíonn an craiceann is a luach ag daoine áirithe, agus daoine eile beo bocht ina gcraiceann dearg? Cén fáth go bhfuil naoi mbás le fulaingt ag an gcat agus gan ar an duine ach feacadh roimh an aon bhás amháin? An mó *mars bar* a dhéanfadh staighre as seo go Mars, nó go dtí an ghealach abair, mura mbeadh a ndóthain ann? Ó tá an ghealach tarraingthe anuas againn, cé mhéad paicéad *steroids*, nó mála *angel dust* a tugadh don bhó bhradach bheannaithe úd a léim thar an ngealach? Cén fáth gur anois díreach agus nach ar ball atá tú dá léamh seo? Cén fáth go bhfuil sé de dhánacht ag daoine – tusa ina measc – ceisteanna a chur atá gan freagraí . . . mura bhfuil siad i bhfolach in íochtar an mhála freagraí a goideadh?

Níl iontu seo ach cuid de na ceisteanna atá ag déanamh tinnis do mhuintir Ghleann na mBua. Tá gorta mór freagraí orthu ó aimsíodh agus ó cumadh na ceisteanna seo. Tuigtear dóibh go bhfuil na freagraí ann, má tá – scaipthe in áit eicínt, i gcruth eicínt in aois eicínt agus b'fhéidir, níos measa fós i seilbh duine eicínt. Sea, duine eicínt! Tusa b'fhéidir! Tá siad in amhras fútsa. Más agatsa atá na freagraí a goideadh, fainic tú féin anois!

Agus cheapfá gur ceisteanna simplí iad seo. Sea freisin – ar bhealach. Tá cuimse acu ar eolas ag madraí an bhaile agus ag páistí scoile fiú. Níorbh fhiú a bhformhór a chur ar pháipéar scrúdaithe, i gcrosfhocal ná ar quizchlár teilifíse. Ach is cosúil nach mar sin atá i gcás mhuintir an Ghleanna. Th'éis go bhfuil farasbarr daoine ar an saol, tá fuílleach breise de cheisteanna sa saol: níos mó ná mar atá na daoine in ann a iompar. Tá chuile dhuine sa nGleann torrach le ceisteanna. Ceisteanna beaga. Ceisteanna móra. Cruacheisteanna. Ceisteanna casta. Ceisteanna ceisteacha . . . Cheal freagraí, fágtar muintir an Ghleanna uile ar charraig.

Bíonn ar chuile dhuine sa nGleann – ach amháin ar an Oifigeach Ceisteanna, ar ndóigh – a ngualainn nó a ndroim a chur faoi na ceisteanna troma seo, agus iad a iompar eatarthu. Tá an áit ag cur thar maoil leo: saol na ndaoine in aimhréidh dá mbarr, i gcontúirt fiú. Meáchan na gceisteanna is cúis leis. Roinntear a sciar féin, agus go mion minic níos mó ná a sciar féin, ar gach duine le n-iompar. Tá cúig chruit ar chuid de na daoine faoin ualach. Tá daoine eile agus straidhn siar orthu ag tarraingt na gceisteanna ina ndiaidh. Titeann daoine fiú ó am go chéile, agus mura bhfaigheann siad bás ón titim faigheann cic maith sa tóin ón Oifigeach Ceisteanna a chuireann ar a gcosa aríst iad le teannadh. Téann na ceisteanna sa gcloigeann rómhór ag tuilleadh acu. Cuireann mearbhall nó seachmhall orthu. Feiceann tú féin iad scaití, ag dul timpeall, ar nós gealt nó *zombies*. Iad spásáilte. Go minic bíonn pian ghiodamach ag rince ina mbolg ag iarraidh freagraí a aimsiú do na ceisteanna seo. Rud ar bith a mhaolódh an t-ualach. Go drogallach crosach a ghlacann siad leo agus iompraíonn iad dá mbuíochas, amhail ionga i bhfeoil bheo nó óganach a d'iompródh bunábhar HIV. Ach cén rogha atá acu. Ar ndóigh, ní féidir na ceisteanna a fhágáil caite i leataobh sa bhfuacht ansin – ar nós fóid mhóna abair – a mbeadh deis ag daoine cuid acu a tharraingt leo as a stuaim féin, dá mbeadh misneach acu tabhairt faoina réiteach nó lena n-úsáid mar chluichí gimicíochta ar nós *Scrabble*. Ach ritheann na ceisteanna seo i ndiaidh na ndaoine as éadan. Ar nós gadhair: dá mhinice a chiceálfá lena chur uait abhaile, ba mhinice aríst a leanfadh tú . . . ag fanacht scór slat sábháilte taobh thiar díot i gcónaí. Gan do do ligean as amharc ariamh san am céanna.

Is leanann na ceisteanna seo daoine dá mbuíochas, cuid acu ag déanamh neadracha damháin alla dóibh féin ina gcluasa. Tuilleadh acu ag sleamhnú isteach ina gcuid créachtaí oscailte: tuilleadh ag titim síos ina gcuid pócaí, níos mó fós acu a bhíonn chomh fada le cochaill, casta go daingean timpeall a muiníl. Go deimhin thob nár thacht ceann de na cochaillcheisteanna seo fear maidin fhuar amháin, agus geábh eile rinne ceist anróiteach staic i scornach duine agus b'éigean é a dheifriú de ruathar chuig an ospidéal in otharcharr agus é a chur faoi scian. Cuireadh dhá ghreim fichead ann lena bheatha shealadach a chaomhnú tamall eile. Is tá ceisteanna eile chomh trom scartha místuama le cóta mór agus corrcheann, cé gur corrcheann é, chomh beag giortach le cáibín easpaig ach a d'fhéadfadh ga a chur chomh tobann céanna le seanmhallacht sagairt. Cheapfá ar dtús nach n-aireofá ar do chloigeann í, ach bheadh a fhios agat dá laghad suarach gortach í go raibh sí ann in áit eicínt, agus gur ceist eile fós í d'ualach géagach na croise a chaithfí a iompar.

Agus nach aisteach seafóideach an rud é, ach is iad na ceisteanna is mó a bhfuil gráin ag muintir an Ghleanna orthu is gaire dá scornach. Sin iad is minice orthu mar ualach. Is iad is túisce a tharraingíonn siad chucu as a stuaim féin, th'éis go gcuireann siad tinneas cinn agus olc ollmhór ar a bhformhór. Cailleann daoine an bloc leis na ceisteanna seo. Chaith fear amháin dhe a sheaicéad i dteach ósta an Ghleanna oíche. Bhuail sé faoin urlár é agus d'iarr an cheist a bhí ag déanamh tinnis dó amach ar an urlár agus ina dhiaidh sin amach ar an tsráid ar an bhféar plé. Ní nach ionadh rinne cúpla duine – fámairí a bhí thart ar saoire, ar ndóigh – gáire fiodmhagúil faoi. Ach níorbh aon chúis gháire é ach oiread leis an bhfear a las a theach cónaithe nuair a shíl sé ceist ghoilliúnach ghránna, a bhí ag guairdeall in áit eicínt timpeall a thí, a loscadh ina beatha. Mar bharr ar an mí-adh ní íocfadh an comhlacht árachais luach a thí leis, óir chuir siad ina leith sa gcúirt gurbh é féin a las an teach d'aon ghnó. D'aithris sé a scéal do lucht na cúirte chomh fírinneach barainneach agus a bhí sé in ann agus dúirt gurb í an cheist a las sé dáiríre, agus gurb amhlaidh a dhóigh an cheist an teach sul má thum í féin i dtobán uisce sa gcisteanach lena cosa agus a sciatháin a thabhairt slán.

"Agus cén fáth mar sin nár báitheadh an cheist, nó an amhlaidh go raibh sí *waterproof* chomh maith le bheith *fireproof?*" a d'fhiafraigh gligín eicínt de lucht faire na cúirte óna shuíochán cúil.

"N'fheadar," a deir an fear i nGaeluinn Chiarraí, "ach cá bhfios dúinn nach bhfuil naoi mbás ag gach ceist, mar atá ag cait, agus más amhlaidh atá, is baolach go gcasfar orainn ocht n-uaire eile fós í ar a laghad, agus go mbeidh sibhse freisin rite amach as pleananna lena criogadh chomh maith liomsa. N'fheadar," a deir sé aríst, "cad ina thaobh nár bádh í mar nár fhiafraigh mé di, mar ní dóigh liom go mbeadh sé féaráilte ceist a chur ar cheist eile. Tá sé réasúnta go leor ceist a fhreagairt le ceist eile, má fheileann sé sin a dhéanamh, agus is saineolaithe daoine áirithe ar nós Teachtaí Dála chuige sin, ach níor chóir d'éinne go deo ceist a chur ar cheist eile, ar eagla na heagla nach bhfaighfeá freagra díreach. Is amhlaidh a chruthódh sé sin ceist bhreise: agus freagraí atá uainn uile anseo, nach ea? Ní tuilleadh ceisteanna! Freagra beag simplí amháin a bhí uaimse an lá damanta mallaithe úd ar las an cheist thrioblóideach mo thigín beag deas aerach a bhí suite in ascaill chluthar an Ghleanna."

"Is baolach nach gclúdaíonn do pholasaí árachais gníomh coinsiasach den chineál sin," a dúirt an giúistís go truamhéalach. "Is oth liom a rá go bhfuil orm breith a thabhairt i do choinne agus nach bhfuil aon dualgas ar an gcomhlacht árachais aisíoc a dhéanamh leat de réir an dlí. Beidh tú gan teachín ná áras feasta."

"Is cuma liom," a deir an fear, "mar ba luachmhaire liom go mór freagra a fháil ar mo cheist ná luach an tí lá ar bith, agus ós rud é, a ghiúistís, go bhfuil an chúirt seo lán de dhaoine meabhracha – dlíodóirí, aturnaetha, abhcóidí sinsearacha agus sóisearacha, cá bhfios má chuireann sibh bhur gcloigne meabhracha ar fad le chéile, nach mbeadh sibh in ann freagra na ceiste a aimsiú agus faoiseamh intinne éigin a thabhairt dom. Beidh mé breá sásta maireachtaint gan díon gan cábán os mo chionn go lá mo bháis, is é sin más é an bás atá i ndán dom ar deireadh thiar, ach freagra a fháil ar mo cheist!"

D'éagaoin sé an cheist dóibh. Roinn siad amach ar a chéile í ina píosaí beaga agus chruinnigh timpeall i bhfáinne agus chaith siad tamall fada ag cur is ag cúiteamh agus ag roinnt gaoise, go fíochmhar deargshúileach. Ní rabhadar críochnaithe an lá úd agus thángadar ar ais an lá dár gcionn, agus fiú an tríú lá, ach má tháinig féin, chlis orthu ceist an fhir a fhreagairt cé gur áitigh siad go ndeachaigh siad an-ghar dó cúpla babhta. Scaipeadar go díomuach agus ceann faoi orthu.

"B'fhiú óstán mór, ní áirím teach, a lasadh ach freagra na ceiste úd a fháil," arsa duine de na habhcóidí sinsearacha ar a bhealach amach doras cúil na cúirte.

"Anois," a deir an fear leis féin, agus é ar an ordóg ar a bhealach abhaile, "níl mé i m'amadán chomh mór agus a cheapfadh daoine. B'fhéidir gur meabhraí mé ná an dream úd a bhíonn ag freagairt ceisteanna éasca gach lá den tseachtain agus iad á n-íoc go maith as, a fhaigheann pá dúbailte fiú uaireanta as freagraí bréagacha a sholáthar. Níl mé puinn níos díchéillí ar aon nós ná an fear a bhíodh amuigh ar an gclaí gach oíche den tseachtain agus raidhfil aige ag caitheamh urchar le ceisteanna – agus nár aimsigh aon cheist riamh, ná go deimhin faic na fríde, ach amháin an seanchat dall béal dorais a léim thar chlaí go tobann nuair a scanraigh alsáiseach an tsiopadóra é." Rinne sé gáire beag suáilceach leis féin. "Go deimhin, ní measa mé ná é, ná an fear a d'imigh as a mheabhair chomh mór sin le ceist gur tharraing sé de a bhuatais, agus nuair a chaith leis an gceist í le fórsa gurb amhlaidh a thuirling sí sa phota súip a bhí ar an tine; nó an tseanbhean, a bhíodh ag siúl an bhóthair gach lá, agus go maithe Dia di é, na focail mhóra agus na mallachtaí á scairteadh aici in ard a cinn is a gutha, gach coiscéim a thugadh sí, agus í ag iarraidh na gceisteanna a bhí á leanúint a ruaigeadh uaithi.

"Sea," a deir sé leis féin aríst, "b'fhéidir nach mé is measa. B'fhéidir go lasfása do thigh lá éigin fós agus tú ag iarraidh ceist de do chuid a dhó nó a thachtadh. Bíodh ag lucht an eolais, más iad lucht an eolais iad. Leanfaidh mé orm ag cuardach agus cá bhfios nach bhfaighinn féin freagra lá breá éigin roimh lá mo bháis, nó roimh pé bás, breith nó beo eile atá i ndán dom. Más fíor an seanchas gur goideadh mála freagraí ón dúthaigh seo fadó, caithfidh sé go bhfuil siad coinnithe in áit éigin fós, ach iad a aimsiú – caite i scailp chúlráideach éigin, i bhfolach i lagphortach nó i dtollán faoin dtalamh, nó b'fhéidir fiú gur istigh i dtaisceadán slándála ag baincéir mór éigin atá siad. Níl baincéirí le trust agus bheidís ag iarraidh iad a choinneáil le díol amach anseo ar airgead mór na margaí dubha. Bhí cuid acu chomh dalba fiú agus go gcuirfeadh ar ceant iad nó ar crannchur, agus dhíolfadh na ticéid ar na mílte punt an ceann. Agus tá daoine ann a cheannódh iad, cé nach bhfuil sé sin ceart. Sea go deimhin, níor mhaith an rud é dá mbeidís ag baincéirí cinnte – b'fhearr fiú dá mbeidís tugtha leo ag na síóga agus i bhfolach. B'fhéidir go bhféadfaí breab éigin a thabhairt do shióga ach cé a d'fhéadfadh baincéir a cheannacht seachas baincéir eile nó deartháir polaiteora, b'fhéidir . . . Níor chóir luach airgid a chur ar fhreagraí. Má tá freagraí le fáil ba chóir go mbeidís saor in aisce, d'éinne arbh fhiú leis dul ar a dtóir . . ."

Ghread sé leis ag siúl, agus ó chuimhnigh sé ansin nach raibh aon teachín aige, ar a bhféadfadh sé filleadh, bheartaigh sé aghaidh a thabhairt ar an Ionad Pobail mar a mbíodh Faoistin Ceisteanna na seachtaine ag muintir an Ghleanna go bhfeicfidís an raibh aon fhreagraí nua aimsithe ag éinne a mhaolódh ualach an tsaoil dóibh go léir. Ach ní túisce láthair an Ionaid Phobail sroichte aige ná chuala sé an rírá agus na ráflaí a bhí ag silt go cumhrach ó bhéal gach éinne. Bhí an Mála Freagraí aimsithe – bhuel bhí sé ráite agus deimhnithe go cinnte sna ráflaí go raibh ar aon nós, óir rugadh ar Cheannaí Cosach Cleasach, mar a thug muintir an Ghleanna air, an oíche roimhe sin, a shíl éalú tríd an mbaile i mbreacdhorchadas na hoíche. Thug sé fogha fíochmhar faoi na gardaí, a dúradh, agus ní osclódh sé an mála a bhí ar a dhroim aige ar ór, ól ná airgead. Ach d'osclófaí an mála anocht os comhair fhinnéithe dílse uile an Ghleanna nuair a thabharfaí an Ceannaí Cosach Cleasach i láthair le ceistiú agus le deis a thabhairt dó leithscéal poiblí a ghabháil le muintir an Ghleanna as an mála a fhuadach an chéad lá ariamh.

Bhí comhluadar an Ghleanna ar fad i láthair – fiú seandaoine craite cráite nár chorraigh amach le blianta mura mbeadh lá vótála ann nó lá pátrúin nó oíche bhiongó agus a gcuid ualaí damanta ceisteanna leo. Bhí siad ar fad ar bís, agus go deimhin go leor acu ar buile, agus le ceangal, th'éis saol a bheith ídithe ag iompar ceisteanna a chum, a cheap agus a chruthaigh daoine seachránacha eile. Bhí fonn mór díoltais ar a thuilleadh acu.

B'fhada le gach éinne go dtabharfaí an Ceannaí Cosach Cleasach i láthair – ach amháin, ar ndóigh, an tOifigeach Ceisteanna a raibh an-imní anois air faoina jab. Ba bhaolach dó nach mbeadh aige ach airgead stampaí feasta; agus ansin an dól agus cuairteannaí seasta ó ghéagairí. Bhí na daoine ag dul anonn is anall, siar agus aniar mar a bheidís ag imeacht go huathoibríoch le leictreachas, ag caint, ag sioscadh, ag comhrá, ag allagar agus gach neach beo ag breathnú ar a gcuid uaireadóirí digiteacha aríst agus aríst eile, agus ag tomhas an ama go cruinn cúramach beacht.

Chruinnigh siad láithreach ina gciorcal ramhar nuair a tugadh faoi deara caismirt is clampar ag bolgadh i gceann de na cúinní. De phlimp facthas an Ceannaí Cosach Cleasach dá bhrú isteach go místuama i dtreo chroílár na páirce. Bhí chuile dhuine dá fhéachaint agus ag déanamh iontais dó. Caitheadh múr bualtrachaí bó agus cacannaí asail leis, le linn

dó a bheith á bhrú go bacach stobarnáilte tríd an slua. Shíl daoine cor
coise a chur ann agus uilleannacha sna heasnachaí a thabhairt dó. Bhí
sé beag cromtha, a dhá shúil ag gobadh amach as a chloigeann mar a
bheadh iontas air faoin slua mór a bhí cruinnithe dá fhaire agus an mála
– sea, béal an mhála dhraíochta freagraí ina ghlac go daingean aige –
agus a lámh eile timpeall aige air go ceanúil mar a bheadh ar pháiste,
agus gan é sásta scaradh leis ná ligean d'éinne beo drannadh leis –
ainneoin go raibh na daoine ba ghaire dó dá chiceáil, dá mhaslú agus
dá chrá le ceisteanna nach dtabharfaidís leathsheans dó a fhreagairt, agus
á mheabhrú dó go dearfa go mba leo féin agus lena sinsir na freagraí an
chéad lá ariamh, agus go raibh an bás ag dul dó as iad a fhuadach, agus
má bhí aon cheann de na freagraí díolta nó caillte aige, go leanfaidís
amach as an saol seo é agus isteach sa saol eile tar éis a bháis agus síos
díreach go hifreann dóite – ó ba chinnte gur ann a bheadh sé – lena mharú
athuair mar phionós breise. Bhí an Ceannaí scanraithe agus ar crith.
Bhí sé burláilte cromtha ina lúb mar a bheadh gráinneog ann ag iarraidh
géire na mbuillí a mhaolú agus ag lámhacán thart ó thaobh go taobh –
an Mála Freagraí fós fáiscthe go torrach faoina bholg. Thuig sé nárbh
fhiú dó fiú scread chráite a ligean mar nach gcloisfí é, agus dá gcloisfí
féin nach n-éistfí leis ach leagan air tuilleadh.

"Nach beannaithe an lá dom," a deir sé i mionchogar leis féin,
"gur thógas *dose* maith moirfín ar maidin nó ní *stick*eáilfinn an sciúrsáil
seo choíche. Buíochas mór le Dia na Glóire, an Mhaighdean Bheannaithe,
Naomh Pádraig is na naoimh uile."

Ach choinnigh sé greim docht ar a mhála lena ucht agus ní osclódh é.

"Mura scarann sé leis an mála," arsa duine eicínt, "caithfear é a mharú
agus é a bhaint uaidh."

"Caithfear é a mharú ar aon nós," a d'fhógair guth eile ón slua.

"Ach is é mo mhála féin é," arsa an Ceannaí, nuair a fuair sé deis cainte
i lagtrá an scliúchais. "*Finders keepers*. Níor ghoid mé é. Fuair mé é.
Tá difríocht ann!"

"Fuair tú é!" a deir an slua d'aon ghuth. "Agus cén áit meas tú a
mbeadh mála luachmhar mar seo ar fáil ar ardú orm?"

"Fuair mise ar an mbóthar é," arsa an Ceannaí, "ar mo bhealach
trí Ghleann seo na ndeor aréir. Dá mba iad na freagraí a bheadh sa

mála, bheadh sé faighte agaibh féin le fada nach mbeadh, mura bhfuil sibh dall ar fad."

"Ná bí *cheeky*," a scread duine eicínt, "murar agat atá an muineál, cé go bhfuil ár gcuid súl caite againn ag faire amach do fhreagraí, tá amharc maith go leor fós againne, rud nach mbeidh agatsa go luath. Is furasta do do leithéid a bheith ag caint, duine nár iompair ceist ná tinneas cinn ariamh dó féin, ní áirím d'éinne eile. Bhí an ceart ar fad ag an té a bhaist Ceannaí Cosach Cleasach ort."

"Ach b'fhéidir go bhfuil cuid den cheart ag an gCeannaí," a dúirt an fear a las a theach le ceist, "b'fhéidir nach iad na freagraí s'againne atá sa mála beag ná mór, ach freagraí eicínt eile. Bígí cúramach ar eagla na heagla."

Ach ní éisteodh an slua leis.

"Seafóid," a deir siad. "Murach go bhfuil sé ag iarraidh éalú leis na freagraí nach n-osclódh sé an mála. Nach ligfeadh sé dúinn breathnú síos ann ar a laghad."

"Ach is é mo mhála príobháideach féin é," a deir an Ceannaí, ag impí athuair. "Mise amháin a fuair é, mar go raibh mé san áit cheart ag an am ceart. Sin é an chaoi a n-oibríonn an saol. Is cuid díomsa an mála anois, agus nílim chun scaradh leis sula scaraim le mo bheatha naofa. Ligigí liom láithreach." D'fháisc sé an mála níos ceanúla ná ariamh isteach lena ucht mar a bheadh ag déanamh láchín leis.

Mhéadaigh ar olc an tslua.

"Má bhí tú san áit cheart ag an am ceart aréir, tá tú san áit mhícheart ag an am mícheart anois," a bhéic duine eicínt.

"Bainigí an craiceann dó láithreach," a scread duine eile, "cé leis sa diabhal a bhfuil muid ag fanacht?"

Bhain.

Duine ón slua a rinne an feannadh. Chéas beirt eicínt eile é, an slua dá ngríosú. Dhoirt an ceathrú duine citeal uisce bhruite air. Rug an cúigiú duine – bean, ceaptar, in éide fir – ar scornach air gur mhúch an dé dheireanach ann . . .

Thit an Mála Freagraí ina chnap ag a chosa mar a bheadh mála salainn ghairbh. Tháinig gártha caithréimeacha ón slua.

"Oscail an mála go beo," a scread fear an raidhfil, "sula dtitim inniu aríst faoi ualach na gceisteanna seo. Tabhair dom mo chuid freagraí. Tabhair dom mo chuid freagraí go beo, a deirim. Táim sách fada ag fanacht."

"Agus mo chuid freagraísa domsa," arsa bean na mallachtaí.

"Agus mise."

"Agus mise."

"Agus mise freisin . . ."

"Mise i dtosach."

Stróic an slua an mála óna chéile, á phléascadh go santach lena gcrúba crúcacha ingneacha gur iompaigh amach an taobh istigh agus isteach an taobh amuigh . . . Ach mo léan . . . is ansin a threoraigh a gcuid srón iad, agus a thaispeáin a gcuid súl dóibh nárbh é an Mála Freagraí a bhí acu beag ná mór. Níorbh é muis ach mála lofa dramhaíola a sciorr de dhroim leoraí na Comhairle Contae agus a bhí ag cur thar maoil le craicne oráistí, málaí tae úsáidte, cnámha agus putógaí éisc, cannaí stáin pónairí, buidéil fholmha cóic, crústaí stálaithe aráin, dabáin cháise faoi chaonach liath, crúscaí briste gloine, bulbaí dóite, craicne fataí géara, úllaí lofa, nuachtáin bhurláilte as dáta, bindealáin éadaí le rianta smálaithe fola, coiscíní bealaithe, naipcíní páipéir smaoiseacha, litreacha pearsanta stróicthe, billí teileafóin nár íocadh, málaí plaisteacha ollmhargaí, agus sea – cuir lámh ar do shrón anois más maith leat – *pampers* páistí a bhí lán de chac fliuch is de phráiscíní beaga praisleacha. Yuch . . .

"Is cosúil nach é seo an mála ceart," arsa duine éigin go stadach agus deora móra goirte ag líonadh ina shúile.

"Is cosúil!" a deir fear an raidhfil, "ní hea ach is cinnte, th'éis dom léasrachaí a fháil ar mo ghlúine agus mo bhosa a stróiceadh ag lámhacán deich míle chun na háite seo ó mhaidin faoi ualach mo cheisteanna, é creidte agam go raibh mo chuid freagraí anseo romham ag fanacht liom."

"Foc é mar mhála," a deir bean na mallachtaí. "Teannaimis uaibh ar an téar láithreach."

"Foighid oraibh! Foighid oraibh!" a d'fhógair an tOifigeach Ceisteanna go húdarásach, ag brú a bhealaigh go triollúsach isteach chuig imleacán an tslua. "Níl éinne ag dul in áit ar bith. Nach sibh na pleibeannaí amaideacha. Sibh féin agus bhur gcuid ceisteannaí agus easpa freagraí! Cé a cheapann sibh atá ionaibh? Cén gnó atá agaibhse de fhreagraí?

An aithneodh sibh freagraí, fiú dá sínfí chugaibh ar phláta airgid iad? Cén chaoi a n-aithneodh – dream ar bith nach n-aithneodh fiú mála dramhaíola a thit as tóin leoraí bruscair na Comhairle Contae nuair a chuaigh go hacastóir i b*pothole*! Ah?"

Bhí an slua ina thimpeall ina dtost. Tharraing an tOifigeach Ceisteanna anáil dhomhain amháin agus lean air ag caint, ag taispeáint a chuid fiacla géara bána:

"Agus mar bharr ar an mí-ádh tá duine eicínt agaibh th'éis an Ceannaí Cosach Cleasach cneasta a chur chun báis, an créatúr bocht simplí soineanta nach ndearna dochar d'éinne beo ná marbh ariamh. Ach íocfaidh sibh as. Íocfaidh sibh go daor as le bhur gcuid easpa freagraí agus an cheist nua seo a chruthaigh sibh daoibh féin á hiompar agaibh feasta. Anois cé agaibhse a rinne an marú fuilteach míthrócaireach seo le go gcuirfidh mé príosún saoil air?"

D'fhéach muintir an Ghleanna ar fad ar a chéile, an cheist scéiniúil ag scáiliú amharc a súl, ag greamú ina screamhóg ar a n-intinn, ag meilt timpeall ina ngliogar bodhar ina gcluasa . . . Níor oscail éinne a bhéal. Chroith a gcloigne agus d'fhéach síos ar an talamh go maolchluasach mar a bheadh ag tabhairt le fios nach raibh a fhios acu tada faoi thada go cinnte.

GABHAL NA gCLOCH

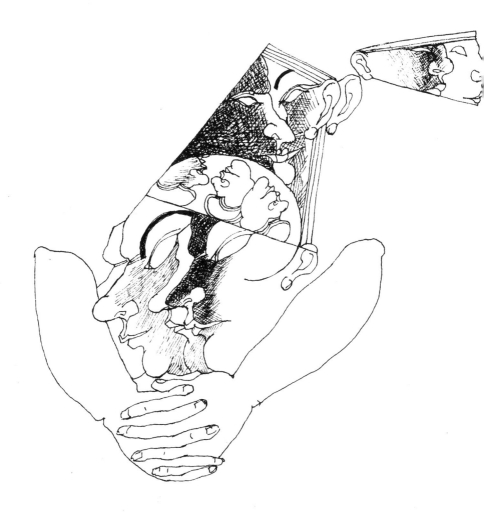

BB '85

GABHAL NA gCLOCH

"An dtarraingeoidh tú mo bhod dhom?"

De sciotán a labhair sé. Isteach díreach i bpoll mo chluaise. Bhí a anáil te: tais beagnach. Níor chuala mé é. Níor chuala mé ar chor ar bith é. Níor thuig mé ceart céard a dúirt sé . . . nó dúirt mé liom féin nár thuig agus nár chuala.

Rugas ar mo phionta lágair te bruite. D'ólas deoch as: deoch eile: agus deoch eile fós. Chuimil mé mo theanga i bhfáinne timpeall mo liopaí. Chualas cogarnaíl in áit eicínt thíos i mo phutóga. Mhothaigh mé an deoch fuar ag dul síos tríom.

"An-lágar go deo é seo muis. Sin an-phionta pórtair atá agat féin is cosúil. 'Furasta aithne gurbh é Gabriel féin a tharraing é. Is é atá in ann muis, is é atá in ann an-phionta a tharraingt, rud nach bhfuil na leaids óga eile sin."

Chaith sé siar blogam fadálach amplach eile as a phionta. Bhí sé iompaithe anall arís orm.

"An gcloiseann tú mé, an gcloiseann tú mé, a mhac?"

Bhí a ghuth níos airde.

" 'Sea, cloisim, cloisim," a deirimse, faitíos go n-ardódh sé a ghlór tuilleadh, "nach bhfuil an baile in ann thú a chloisteáil." Bhí an pub lán: aithne mhaith nó réasúnta agam ar an leath mór dá raibh istigh: go leor acu go deimhin ag obair liom sa bh*factory*.

"An dtarraingeoidh tú dhom é?"

Bhí blas beagán níos séimhe ar a ghuth anois. Rinne mé casacht bhréige: agus casacht eile ag súil le go mbáifí a chuid cainte mura ndúnfadh sé a bhéal. Ghlan mé mo scornach.

"Sé mo *turn*sa é," a deir mé, ag éirí i mo sheasamh, cé nach raibh mé ach leath bealaigh síos i mo phionta fós. "Gheobhaidh mé deoch an dorais sul má bheas an beár dúnta." Anonn liom. "Faigh leathghloine domsa freisin," a scread sé i mo dhiaidh. "Tá an oíche fada fós . . . agus fuar. Caithfidh muid muid féin a choinneáil te."

"Raight, Raight." Níor fhéach mé siar fiú. Bhí an ghráin agam air de léim.

Bhí an ghráin shaolta agam ar an rud brocach, lom láithreach. Cén smál a bhí orm beag ná mór agus suí ina fhochair i dtús na hoíche? Fonn cainte seans. Fonn cainte faoi chúrsaí peile. Gach cluiche, gach scór, gach drochchalaois, gach cic pionóis dár tógadh le cúpla bliain athimeartha againn sa gcúinne ansin le dhá uair an chloig . . . Agus mé ag ceapadh go raibh aithne níos fearr ná sin agam air. Bhí. Bhí má bhí . . . tar éis go raibh sé timpeall na háite i gcónaí.

D'ordaigh mé deoch ach ní bhfuair aon aird. Lig mé mo mheáchan isteach ar an gcuntar ar nós cuma liom fad a bhí mé ag fanacht. Dá sméidfeadh duine éigin as cúinne eicínt eile orm, bheadh leithscéal maith agam éalú ón diabhal. Caithfidh sé go raibh sé ag breathnú orm anois freisin: an nóiméad seo . . . ag grinniú is ag stánadh orm . . . ag sá is ag sacadh a shúl tríom: a amharc géar ag marcaíocht suas agus anuas ar mo dhroim: do mo bhreathnú síos agus suas . . . mo dhéanamh, m'airde, mo mhéid . . . do mo chur i gcomórtas le leaids eile a bhí aige b'fhéidir. Nach mar sin a bhíonn siad: nach ea, nó an ea . . . díreach mar a bheinn féin le mná is dóigh, a smaoinigh mé.

"Tabhair'm pionta lágair anseo agus . . ." Níor chuala Gabriel mé. Má chuala níor thug sé aon aird orm. Ba chuma. Róluath a bheinn ar ais i mo shuí sa gcúinne arís. Cúinne ar mheasa liom anois a bheith sáinnithe ann ná a bheith ag fáil bualadh i gcúinne teanntaithe cró dornálaíochta. Faraor gan duine eicínt eile sa bpub a chuirfeadh caidéis orm, nó a sméidfeadh de leataobh orm. Ach ní raibh, b'fhacthas dom. Chuile dhuine eile ar a mbionda ag caint le chuile dhuine eile. Ráigeanna comhrá chuile thaobh díom. Bíodh éinne ag éisteacht lena chéile nó ná bíodh . . . Mór an trua go raibh Róisín imithe ar ais chuig an gcoláiste nó bheadh sí thart don deireadh seachtaine. Nach gceapfá go mbeadh a fhios aige go raibh mé cairdiúil léi. Dá mbeadh sí i mo theannta anocht bheadh comhluadar ceart agam: ach nuair nach raibh éinne faoi leith liom . . .

"Pionta lágair anseo, maith an fear, a Ghabriel, pionta pórtair agus leathghloine."

Bhí mé cloiste ar deireadh aige . . . má bhí? Bhí, a sméidigh sé faoi bhrú, ach go raibh cúpla ordú eile aige romham. Ba chuma.

Ach chaithfí glanadh as a bhealach . . . leithscéal eicínt a fháil nó a chumadh . . . Bhí braon maith ólta aige: a chiall leath amuigh:

náireodh sé duine. Náireodh sé duine os comhair an tsaoil . . . ar leic mo
theallaigh féin . . . Agus é ina dhuine acu siúd. Nár dhiabhaltaí aisteach.
Cibé cé mhéad duine eile a d'fhéach sé cheana? Caithfidh sé go raibh a
fhios ag daoine eile thart anseo le fada, b'fhéidir . . . Níor mhór coinneáil
amach uaidh feasta. Mura beag a cheapfadh é! É ag traenáil leis an
gcumann peile le mo chuimhne. É ag plé leis an bhfoireann seo againn
féin faoi ocht déag i mbliana. É thar a bheith molta freisin ag chuile
dhuine. 'Nach maith é Jimí Beag agus an méid ama a chaitheann sé leis
na leaids óga,' an port a bhíodh acu. 'Nach aige tá suim sa bh*football* i
gcónaí . . . é á dtraenáil le deich mbliana anois ó d'éirigh sé féin as an
imirt. . .' 'É thiar ar an bpáirc leo chuile thráthnóna beo den tseachtain.'
'Domhnach is dálach . . . gan beann aige ar aon chineál aimsir.'
'Rachaidís píosa fada arís i mbliana.' 'An-seans acu ar chraobh an
chontae.' 'Bheadh buaite anuraidh acu murach *foul play* an réiteora.'
    Chuile thráthnóna den tseachtain. Thiar ar an bpáirc de bharr *football*
. . . Caithfidh sé go mbíodh a shúile ag gobadh amach ag faire is ag
fosaíocht orainn sna seomraí gléasta nuair a bhíodh muid ag togáil amach
is isteach. . . is gan fhios againn tada beo faoi, agamsa ar aon nós. É ansin
ag speiceáil orainn, ag déanamh fógraí faoi amanna traenála, ag ainmniú
fhoireann an Domhnaigh . . . ag guairdeall thart ag bailiú *jersies*. . . . ag
tindeáil go cineálta ar éinne a bheadh leathghortaithe nó bacach.
'Chuile dhuine isteach sna seomraí gléasta, sna seomraí gléasta láithreach
– go mbeidh *team-talk* againn.' Nach bhféadfaí sin a dhéanamh taobh
amuigh. Ach ní fheilfeadh sin dó. Nach fada gur smaoinigh mé air.
B'fhearr leis a chuid cainte a dhéanamh istigh sna seomraí gléasta . . .
Ag siúl thart scaití agus a dhorn dúnta aige á spreagadh, ag tarraingt as
duine eicínt nach mbeadh ag imirt rómhaith . . . is an t-am go léir ag casadh
súl orainn, seans, ag athrú ár gcuid éadaigh . . . is a liachtaí uair a chuaigh
muid isteach faoin gcithfholcadh inár gcraiceann dearg agus an
phleidhcíocht a bhíodh orainn ann scaití: chaithfeadh sé go mbíodh sé
ansin ag faire orainn – ormsa go háirid, b'fhéidir, agus é ag piocadh anocht
orm . . . mar sin a bhíonn a leithéid nach ea . . . Nach mé a bhí dall. Dall.
    "Lágar, Guinness agus leathghloine." Leag Gabriel os mo chomhair
iad. Shíl mé lámh a shacadh i mo phóca ach bhí sé greadta leis arís.
    D'imeoinn abhaile b'fhéidir tar éis an *round* seo. B'fhearr glanadh as

an mbealach. B'fhearr go mór fada ná a bheith ag guairdeall timpeall anseo i bhfad eile: anocht cibé é, go háirid mura gcorródh sé féin. Bhí cluiche amárach freisin. Níorbh aon dochar dul a chodladh luath . . . Dul abhaile ab fhearr cinnte . . . chomh fada ar ndóigh is nach dtriailfeadh an boc seo duine a leanacht. B'in é díol an mhí-áidh. Dá dtiocfadh sé ar mo thóir: mé a leanacht abhaile, siar an bóthar, mé a ionsaí, is dochar a dhéanamh dom. Bhí mise éadrom freisin. Ní bheinn in ann aige go deo – é mór, storrúil, géagach, láidir. É thar a bheith aclaí d'fhear a raibh an dá scór caite aige. D'fhéadfadh sé a bheith contúirteach dá gcuirfí olc air. Ghortófaí mé. B'fhéidir nach mbeinn in ann imirt amárach . . . cén míniú a thabharfainn air sin?

"Four sixty nine," a deir Gabriel ar fhilleadh dó. Thug mé a luach dó. Chas timpeall ar a sháil go deifreach gur thug bruscar sóinseála ar ais dom. Thug mé m'aghaidh ar an gcúinne go staidéartha. Pionta i ngach aon lámh liom agus an leathghloine leatheatarthu idir iad agus mo mhéaracha. Bhí sé ina shuí siar ansin go tostach smaointeach. É ag stánadh orm. A chosa ag trasnú a chéile. Feaig deargtha aige. É ag puffáil ciorclacha leathana deataigh suas san aer i dtreo an tsolais go brionglóideach . . .

Leag mé a ghloine is a phionta os a chomhair.

"Caith siar í sin," a deir mé, leis an ngoile a bhaint as an bhféachaint chlaonta. Leag mé mo phionta féin le m'ais.

"Go gcuire sé fionnadh ort," a deir sé, ag casadh a dhá shúil ar mo phionta, "agus ná raibh sé suaimhneach ort."

"Tá an ceol thar barr anocht," a deirim féin. "Níl aon bhanna ceoil ann chomh maith leis Na Griféid. Ar chuala tú an t-amhrán nua atá acu faoi na *potholes*?"

"*Potholes!* Éist leis na *potholes*. Ná bac leis na *potholes*, a mhac. Ar chuala tú 'Sí do Mhaimeo Í' ariamh? Sin í a raibh an *pothole* aici! Ar chuala tú an bhail a cuireadh uirthi?"

"Go minic. An-amhrán é sin freisin!"

"Sí do mhaimeo í, doireadh le gró í,
  Sí do mhaimeo í, cailleach an airgid."

"Ní hin é an leagan atá agamsa."

"Cé atá ag caint faoi chéard atá agatsa, cé atá ag caint fútsa?"

"Ní dhúirt mé tada ach nárbh in é an leagan a chuala mise."

"Leagan. Bainfidh mise leagan asat ar ball beag. – Há! Há!"
Bhí sé ag caint isteach i mo chluas arís. Rinne sé gáire domhain – gáire domhain salach.

"Ná habair tada fós. Caith siar an pionta sin agus beidh muid ag giorrú an bhóthair." Bhuail sé a lámh anuas ar mo ghlúin. D'fhág ansin í. Gháir aríst go leadránach meisciúil. Bhí mé in ann mo chroí a chloisteáil ag preabadh – an ghráin shaolta a bhí agam air.

"Tóg díom do lámh, is ná bac liom beag ná mór."
"Nach maith le chuile dhuine beagáinín spraoi."
"Le mná a bhímse ag spraoi."
"Mná agus gan ionat ach leaidín beag óg. Leaidín óg nár bhuail aon *fire* craicinn ceart fós is dóigh?"
"Nach cuma duitse. Tá mé sách sean is sách mór."
"Tá tú sach mór domsa freisin. Cuimilt bheag amháin. Ní bheidh a fhios ag aon duine tada. Cuimleoidh muid an péire dá chéile ar ball."
"Seafóid! Ní duine acu sin mise. Téigh ar thóir do leithéid féin."
"Mo leithéid féin? Ach cá bhfuil mo leithéid féin thart anseo?"
D'iompaigh mé uaidh. Chaithfí é a sheachaint láithreach. Glanadh de leataobh chomh luath agus a d'fhéadfaí. Leithscéal eicínt a fháil. D'ól mé slog sciobtha as mo phionta. D'éirigh i mo sheasamh. Thug m'aghaidh ar theach an asail. D'fhéadfainn cúpla nóiméad a chur ar ceal ann as a bhealach. . . go bhfuaródh sé. B'fhéidir go n-athródh sé a intinn . . . go n-éisteodh sé liom . . . go bhfocálfadh sé leis. B'fhéidir le Dia sin . . . nó go suífeadh duine eicínt i m'áit. Ba bhreá an rud dá suífeadh. B'in an-leithscéal lena chomhluadar a thréigean. Bíodh mo shuíochán agus fáilte ag cibé duine . . . fear nó bean a bhuailfeadh a dtóin fúthu ann. Bhéarfainn greim ar mo phionta ansin; bheinn in ann sleamhnú isteach i gcomhluadar eicínt eile éasca go leor seans. Ní thabharfadh aon duine tada faoi deara.

Ar éigean má bhí mo leaid tarraingthe amach agam nuair a bhí sé taobh thiar díom. Bháigh sé a chrúba i mo cheathrúnaí.
"*Fair play* dhuit, a mhac. *Fair focain play* dhuit féin."
Bhuail sé rap beag aniar sa tóin orm. Bhí a fhios agam, agus mé ag breathnú romham ar an mballa tais, go raibh sé ag faire aniar thar mo ghualainn . . .

"*Fair play* dhuit, a mhac, buailfidh muide an cac astu amárach."
"Buailfidh. Buailfidh cinnte." Bhí mé neirbhíseach. ". . . Ach shílfeá
go ligfeá dhom mo mhún a dhéanamh ar mo chompord. Éist liom, maith
an fear." Bhí sé ag cuimilt mo mhásaí.
"Do mhún a dhéanamh ar do chompord ab ea? Leaid atá ag déanamh
a mhúin ag iarraidh compoird. Compord! An ag iarraidh cathaoir bhog
atá tú le suí uirthi fad atá tú ag déanamh boidín beag fuail . . . nó an bod
mór fuail é? Tú féin agus do chompord."
"Focáil leat anois, maith an fear!"
"*Shake well after use* a deir siad."
"Éist liom!"
"Pis ghlaice é a chroitheadh níos mó ná sin! deirtear. Nach raibh a
fhios agat?"
Ní raibh mé in ann mo mhún féin a chríochnú leis . . . Cén mí-ádh a bhí
orm nach ndeachaigh isteach sa bpruibín. Dá dtiocfadh aon duine isteach
i dteach an asail agus muid a fheiceáil ansin: é ag iarraidh breith ar mhagairlí
orm, mise ag iarraidh é choinneáil uaim, casadh as a bhealach mar a bheadh
imreoir rugbaí ann, ag iarraidh cosán reatha a fhórsáil amach as clibirt.
"Fan amach uaim, a bhitch! Íocfaidh tú as seo!"
"Nach bhfuil a fhios agat go maith nach bhfuil mise ag dul ag déanamh
aon dochar duit. Cén neart atá air?"
"Bíodh nó ná bíodh, is cuma liomsa."
*Swing*eáil mé timpeall dá bhrú uaim san am céanna. D'éirigh liom dul
thairis, th'éis streachailt bheag. Bhí mé ag an doras láithreach.
"Feicfidh mé ar ball beag thú ar do bhealach siar abhaile agus . . ."
Níor chuala mé drioball a chuid cainte. Dá gcloisfeadh aon duine an
bastard. Ag faire a bheas tú, a gheall mé dom féin.

Bheadh cluiche báillíní agam. Bheadh, cé nárbh fhear mór báillíní mé.
D'éalóinn as a bhealach ar an gcaoi sin b'fhéidir. Chroch mé liom mo
phionta lágair. Siar liom sa seomra cúil chuig an mbord púil. Gan oiread
agus leathbhreathnú a chaitheamh i mo dhiaidh. Ag súil le Dia nach
leanfadh sé mé. Leag mé sóinseáil ar ghrua an bhoird.
"Imreoidh mise *winner* an *ghame* seo," a deir mé, arae ní raibh aon
sóinseáil eile ar an mbord romham.

"Is ar éigean gur fiú duit a bheith á leagan ansin," a deir guth óltach Dhara Dic Dharach go gaisciúil, "soicind amháin eile agus beidh an bleaic seo *pot*áilte agamsa." Bhí. Shac mé píosa fiche pingin isteach sa scailp. Rinne na báillíní toirneachín leadránach ag titim. Phioc mé aníos as scornach an bhoird iad ina bpéirí, ag ligean dóibh titim isteach sa triantán dubh san am céanna.

"Féadfaidh tusa briseadh," a deir Dara nuair a dhírigh mé mé féin i mo sheasamh. Rug mé ar an gcleathóg. Bhris. Bhí teannadh i mo bhuille. Scaip na báillíní ag rolladh go deifreach ar fud an bhoird.

Mise a bhuaigh. D'imir muid an dara cluiche, an tríú cluiche agus an ceathrú ceann . . . nó gur ruaigeadh as an bpub muid, th'éis am dúnta.

Brádán salach báistí amuigh. Sipeáil mé suas m'anarac go muineál. Thug m'aghaidh siar abhaile. Mairg a d'fhan chomh deireanach seo: nár imigh níos túisce nuair a bhí sé tirim. Faraor aríst eile nár imigh, ach cén neart a bhí air is mé ag fanacht go mbeadh mo dhuine imithe as mo bhealach. Buíochas mór le Dia nach raibh sé mar a bheadh taibhse ann do mo leanacht sna sála amach an doras lena, 'Goile anseo agam. Lig dom breith ort. Nóiméad amháin. Ní dhéanfaidh mé aon dochar.' An seandiabhal salach. Cibé fáth sa mí-ádh gur ormsa a phioc sé. Ar cheap sé go raibh a leathcheann féin aige . . .? Ná habair . . . go sábhála Dia sinn. Sách dona má cheap. Na rudaí a déarfaí fúm dá gcloisfí . . . Cibé cén fáth go gceapfadh sé é sin. Mé féin ba mheasa nár thug faoi deara roimhe seo go mba dhuine acu siúd é. Meas tú an raibh a fhios ag mórán eile? Caithfidh sé nach raibh. Mór an t-ionadh. Bheadh daoine ag caint dá mbeadh. Idir cúlchaint is caint chabhantair, chloisfinn é go cinnte, chloisfinn sin. Tharraingeodh duine eicínt de na leaids anuas é uair eicínt . . . tharraingeodh anuas é nuair a bheadh súgach, mura dtarraingeodh aon uair eile. Bheadh an scéal ar fud Ghabhal na gCloch de léim . . .

Ach ansin aríst, b'fhéidir nach mbeadh. Ní i gcomhluadar a chainteofaí faoi rudaí mar seo, ach i gcogar – dá labhrófaí ar chor ar bith, seachas leathleidí strae. 'Níl mo leithéid thart a dúirt sé.' Bheadh a fhios aige – seans go raibh a dhóthain ama caite aige ag crochadh thart ag faire. Dá mba i mBleá Cliath a bheadh sé nó i gcathair eicínt. Bheadh *time* aige in áit mar sin. Saol an mhada bháin. Chuirfeadh sé aithne ar a chineál féin.

Bheadh deiseanna aige meascadh leo. Cairdeas a dhéanamh leo. Caidreamh a bheith aige leo nó cibé rud a bhí uaidh. B'fhearr dá leithéid a bheith ann deich n-uaire ná a bheith sáinnithe i nGabhal iargúlta na gCloch, ag faire thar a chuid. Ach cá bhfios duit? B'fhéidir nárbh fhearr. Ní fhéadfá a bheith cinnte. Bhí chuile shórt ag athrú. Bhí AIDS ag scaipeadh anois. Daoine mar é i gcontúirt. I mBleá Cliath go háirid seans. Ach ní bheadh aon AIDS i nGabhal na gCloch . . . fós. Cheapfá nach mbeadh – áit chomh hiargúlta léi. Ach cé a bheadh in ann a rá go cinnte? Nach raibh chuile chineál duine ag fanacht san óstán agus sna tithe saoire sa samhradh: Meiriceánaigh, Sasanaigh, Francaigh, Gearmánaigh . . . Nach raibh an láthair champála ag síneadh le talamh Jimí fiú, agus an áit breac le Gaeilgeoirí ó thús an tsamhraidh. Óganaigh na háite ag rith ina ndiaidh . . . go sábhála Dia sinn ach ní bheadh a fhios agat, ní fhéadfá a bheith cinnte de thada feasta. Ach ní fhéadfadh sé go mbeadh AIDS ar Jimí Beag ainneoin sin . . .

Ach chaithfí é a sheachaint. Chaithfí é a sheachaint feasta, is cuma céard a tharlódh. Fanacht glan air. Sin é an áit a mbeadh an trioblóid . . . dá mbeadh an bastard ar an mbóthar mar a bhagair sé. Ag ligean air féin go raibh sé ina sheasamh ansin ag fanacht le bealach abhaile. Bheadh sé ar bís. Ag imeacht ó smacht b'fhéidir. É réidh le duine a stopadh – réidh le duine a ionsaí, b'fhéidir, mura ngéillfí do. B'ait an mac é dá gcuirfí cantal air. An méid scliúchais a mbíodh sé iontu nuair a bhíodh sé ag imirt peile. An cháil air nár sheas sé siar ó aon fhear ariamh. Nár chaith sé seal ag dornálaíocht. D'fhéadfadh sé duine a ghortú. Céard a bheinnse in ann a dhéanamh? Bhí sé i bhfad níos láidre ná mé. Dá mbuailfeadh spadhar é bheadh sé in ann mé a ionsaí, mé a bhualadh: leathmharú a thabhairt orm: mé a lot, mé a éigniú . . .

B'fhéidir gurbh fhearr géilleadh dó. Bheith rannpháirteach leis. Dul ag déanamh cibé rud a bhí sé ag iarraidh a dhéanamh ionas go dtógfadh sé go réidh é . . . Níorbh fhearr. Bheadh sé sin contúirteach. Níorbh fhearr ach tabhairt isteach dó mar dhea. Ligean ort féin go raibh tú ag tabhairt cead a chinn dó. A threabhsúr a oscailt dó agus a tharraingt síos go lách mar dhea. Ansin do sheanchic a thabhairt dó isteach sna magairlí. Agus rith maith. É a fhágáil lúbtha le pian sa foc ansin. B'fhearr é sin ná an drochsheasamh. Bhí mé aclaí scafánta ar mo chosa ceart go leor má bhí mé buille beag éadrom féin.

Ach b'fhéidir le Dia nár ghá. Gur casadh duine eicínt air a chroch leis abhaile é, nó go gcasfaí mac máthar eicínt orm féin ar an mbealach a shiúlfadh an bóthar siar liom.

Ach níor casadh. Duine ní raibh ar an mbóthar. Deoraí féin ní raibh le feiceáil seachas soilse carranna a bhí ag caochadh agus ag preabadh i dtreo na bhflaitheas i bhfad siar amach sna bailte. Ghiorraigh mé an míle bóthair i m'aonar sa dorchadas fliuch. Rinne corrghadhar tafann a ruaig an tost go sealadach ag dul thar thithe áirithe dom. Ghríosaigh siad féin a chéile ach is cosúil go raibh siad róleisciúil le mé a leanacht . . . nó le iad féin a fhliuchadh, b'fhéidir. Leath tost marbh na dúiche arís . . . Chas mé suas an bóithrín nuair a shroich mé an crosbhóthar.

Amach ó scailp sa gclaí a léim sé. "Tá tú ann," a deir sé: "B'fhada liom go dtiocfá," é ina sheasamh romham ansin ina staic, a bheilt leathoscailte ar sliobarna b'fhacthas dom. Bhí a dhá lámh scartha amach aige le mé a *ghrab*áil: boladh trom óil uaidh. Theann sé isteach liom. É i ngreim ionam láithreach. Mé beagnach gan anáil. Mé ar tí titim siar ar chúl mo chinn . . . Chuir mé mo dhá shúil trína shúile mar a chuirfí meanaí géara seaca . . . mé ag sú boladh an óil níos láidre de réir mar a bhrúigh sé isteach liom. D'ardaigh mo ghlúin . . . go ciotach.

"Focáil leat . . . a sheanchunt lofa." Ar éigean a tháinig an chaint liom. Réalt ní raibh le feiceáil i ndorchadas na spéire os mo chionn.

AN CHÉAD DUINE EILE

BB '85

AN CHÉAD DUINE EILE

Gan tú saolaithe fós. Tú báite idir cheithre uisce réamhshaol na broinne beathaithe. Do réamhshaol anseo ina shnámh smigín. Réamhshaol do shaoil. Ní he do thoil féin a bheith saolaithe ach oiread. Anois ná aríst. Go deo. Go deo deo na ndeor. Nach bhfuil ann do shaolta eile – Réamhshaol. Idirshaol. Iarshaol. Neamhshaol – go háirithe an neamhshaol, agus na mílte saol eile b'fhéidir dá ligfí neach leathorlach ina dtreo nó ina ngaobhar. Dá bhféadfá an t-aistear fliuch seo romhat a sheachaint. Stopadh anois. Anseo. Gan dul stróc amháin níos faide. Ba shábháilte go mór an bheobhroinn ina raibh tú cuachta. Agus na saolta uile eile sin a bhí ag faire amach go héagórach ort? Airdeallach ort. Iad mistéireach strainséarach. Spreag dé éigin ionat. Má bhí tú drogallach, bhí tú fiosrach – óir bhí do neamhshaol cealaithe go héagórach ort feasta. Tú ar aimsir. Ar thuras. Ní turas ach oilithreacht. Oilithreacht d'aistear achrannach. Romhat is dóigh. Romhat faraor! Rud ar bith ach Saol . . .

Ach níl aon ladar agatsa i do scéal ag an tráth seo – do scéal féin fiú. Tá sé ag faire ort. Saol. Ag faire ar a bhfuil agat a shú asat. Agus níl deifir ar bith ar Shaol, ná gá dó leis is cosúil. Níl air coimhlint gach lá agus a chosa a thabhairt tirim ón taoille tuile, amhail cladóir. Tá inniu i gcónaí aige le suí siar ann. I gcónaí gcónaí. Tá amáireach leagtha amach roimhe lena ghéaga sínte ina threo mar dhea – fios maith aige nach gá dó iasacht a tharraingt as choíche. Níl athair ná máthair, deartháir ná deirfiúr, mac ná iníon le teacht roimhe, ina dhiaidh ná trasna air. Rómhaith a thuigeann sé sin. Tá Saol ina mháistir ar an domhan beo. Bhuel, beagnach ina mháistir – ina mháistir nó go dtagann Bás, a chomhghleacaí, ar bord. Is é an dá mhar a chéile acu é – Saol agus Bás – Bás agus Saol: iad chomh mór sin thíos i bpóca a chéile agus dá mba cúpla Siamach in aon bhroinn amháin iad . . .

Bídís ina gcúpla nó ná bíodh is cuma sin duitse. As lámha a chéile a oibríonn siad. Aineolaithe amháin a cheapann go bhfuil sé ina achrann síoraí idir an bheirt acu. Go bhfuil siad i gcoimhlint lena chéile faoi thruáin bheaga mar thusa, go bhfuil sé ina rása bóthair eatarthu, go bhfuil Bás ag faire ar chuile choisméig a thugann Saol, go bhfuil Saol ag faire ar chuile choisméig atá Bás a réamhbheartú . . . go bhfuil siad beirt sásta dul i bpíobán a chéile fiú faoi dhaoine – faoi dhaoine . . . Ceapann créatúir áirithe nach bhfuil a fhios acu níos fearr gurb amhlaidh atá. A leithéid de sheafóid! Na hamadáin bhochta. Cén fáth a mbacfaidís le troid agus na milliúin daoine le piocadh suas ar nós cuma liom as an saol sa mullach ar na trilliúin daoine a bhí ann ó thús aimsire. Agus is fiú troid ar do shonsa, an ea, fiú más tú an chéad duine eile ar éigean? Go dtuga Dia ciall dhuit! Agus daoine ag ceapadh go bhfuil coimhlint shíoraí idir Saol agus Bás. Cur i gcéill . . .

Na hamadáin mhóra díchéillí. Nach éasca daoine ciallmhara a chur amú amanta. Is ceart gáire maslach a dhéanamh faoi na leibidí dúra sin . . . Nach bhfuil a fhios agatsa – nár rugadh fós fiú – go bhfuil Saol agus Bás chomh cairdiúil dlúth le lánúin nuaphósta, oíche lae a mbainise. Dhá phearsa leathleáite in aon duine amháin. Gan ina n-imeartas sóisialta ach cur i gcéill. Gan coimhlint dá laghad eatarthu. Níl ach ag déanamh láchín. Roinneann siad amach na daoine eatarthu mar a dhéanfadh páistí soineanta le milseáin nó foghlaithe de robálaithe garbha mara le seoda. Iad beirt sona sásta lena gcuid. Cén fath nach mbeadh mar beidh tú féin acu gan stró . . .

TUSA! Ortsa atá siad ag fosaíocht anois. Nach tusa an chéad duine eile atá le cúinneáil . . . Cúinneáilte! Is gan tada bainte as an lá amárach fós. Níl aon deifir ar Bhás le héinne, cé go gceapann daoine go bhfuil. Ach ní gá dó a bheith. Tá sé chomh cinnte sin de féin, chomh cinnte dearfa sin do chuile dhuine . . . Tuigeann sé go dtiocfaidh sibh ar fad, de bhur dtoil dhrogallach dhiúltach féin, gan glaoch fiú. Cuid eile agaibh faoi dheifir go deimhin. Daoine ar thóir Bhás chuile lá den tseachtain – ag seoladh cuirí amach chuige, ag sodar ina threo ina sluaite, tuilleadh agaibh ag lámhacán chuige go truamhéalach náireach, ag tarraingt na gcos in bhur ndiaidh. Tú féin. Tú féin ar nós cuma liom b'fhéidir ach amháin go bhfuil tú cinnte dearfa – bhuel beagnach dearfa – nach é inniu anseo lá do bháis ar aon nós . . . faraor.

Braitheann tú go mairfidh tú na mílte milliúin soicindí agus nach bhfaighidh tú bás ach i soicindín simplí strae amháin acu sin. Cé a bheadh faoi imní . . .? Ainneoin sin aimsíonn agus sciobann cuid agaibh an soicind seo as bhur stuaim féin.

Agus an chuid eile sin agaibh nach ndeifríonn chuige is cuma le Bás sa mí-ádh. Tuigeann sé nach gcoinneoidh Saol éinne uaidh ar deireadh thiar thall. Piocfaidh sé leis sibh – ceann i ndiaidh a chéile mar a dhéanfadh faoileán droma dhuibh le faochain sa gcladach, le haghaidh béile sealadach. Nach léir go mbeadh sé míréasúnta do Shaol troid le Bás faoin duine beag is lú amuigh.

Mothaíonn tú nár rug ceachtar acu ortsa fós. B'fhéidir go bhfuil am sa réamhshaol fós. Níl ann ach b'fhéidir . . . Ach níl greim fiacal fiú ag Saol anseo. Níl greim ná cos i dtaca. Níl aon eochair aige do dhoras an réamhshaoil. Féadfaidh sé fanacht amuigh anois . . . Dá dtiocfadh Bás roimhe agus é a chur as a luadracha. B'in sásamh.

Ach tá Saol ag faire ort. Gan agat uaidh ach fanacht sealadach. Fanacht go mbeidh lámha do chloig ama ciorclaithe timpeall. Cé nach bhfuil aon locht agat ar an réamhshaol, tuigeann tú ós rud é go bhfuil tuiscint agat nach féidir filleadh ar an neamhshaol, mar ab áil leat. Gan aon neamhshaol ann duitse go deo aríst. An ceart sin bainte díot. Seans thú. Seans de na seansanna. Ní seans ach smionagar d'iar-sheans faoi seo . . .

Cén milleán atá ar an dís a cheap tú. Ní dhearna siadsan ach ar nós cuma liom leat . . . is do sprid a athghabháil i ngan fhios dóibh féin in aghaidh a dtola. I ngan fhios dóibh féin ón neamhshíoraíocht luascach – rud a dhéanfadh créatúir eicínt eile b'fhéidir luath nó mall ar aon nós. Is cheap siadsan ansin gurbh leo féin thú. Nach aisteach an rud é go gceapann daoine gur leo daoine eile. Is gan iontu ach sclábhaithe bacacha a thaobhaigh le Saol.

D'fhéadfása cuid de do shásamh a shú astu dá bhféadfá fanacht sa mbroinn. Bhí tú sásta ann, nó ar a laghad, níos sásta ná mar a bheifeá aríst choíche. Bhí an timpeallacht seo speisialta. É bog gan a bheith róbhog, te gan a bheith róthe. Bhí tú ag rolladh-luascadh go compordach i gcúisín uisce de dheora líonmhara grámhara. Gan aon easpa anseo. Ní bhlaiseann tú ocras ná tart ná fuacht. Seachas rud ar bith, mothaíonn tú gurb ann duit anseo. Dá bhféadfá tú féin a cheiliúradh. Bíonn fonn ort iomann nó amhrán a chanadh le háthas. Ach níl guth agat ná níl aon fhocail reamhdhéanta fiú anseo dhuit. Is le Saol na nithe sin is coinníonn dó féin amháin iad. Sáthfaidh sé siar in do scornach ar ball iad nuair a bheas leath acu ag teacht ina strainséaraí dubha romhat do do bhascadh . . .

Feiceann tú Saol é féin, nó a fhís. Fear ard tanaí atá ann, gruaig ghearr fhionn air. Tá súile gorma aige. Tá sé thar a bheith slachtmhar ag breathnú, chomh slachtmhar sin is gur beag nach dtiteann tú i ngrá leis lom láithreach – tá culaith éadrom ghorm air, naipcín bándearg ag gobadh aníos as a phóca beag, carbhat den dath céanna. Nuair a thugann sé thusa faoi deara, sleamhnaíonn sé amach go ciúin as an gcomhluadar ina bhfuil sé agus déanann ort go deifreach, mar a bheadh ar nós cuma liom faoi gach duine eile.

"Chuala mé fút," a deir sé. "Tá cúpla nóiméad agat, an bhfuil? Bhí mé ag faire amach duit le tamall. Is maith liom anois go bhfaca mé thú."

"Dáiríre?"

"Ó, gabh mo leithscéal as a bheith neamhfhoirmeálta ach níor chuir mé mé féin in aithne duit. Is mise . . ."

". . . Saol," a deir tú ag teacht roimhe.

"Ó, aithníonn tú mé!"

"Ní aithním, ach tá a fhios agam gur tú atá ann. Cé eile a d'fhéadfadh a bheith ann amuigh ansin – mé ag breathnú amach ort chuile lá. Tá chuile dhuine ag caint ort."

Féachann tú idir an dá shúil air. Tá sé ina thost. Tá mórtas ceannasach eicínt ina shúile. Tá meangadh ar a bhéal, mar a bheadh sé ag iarraidh a bheith cairdiúil. Tá a lámha ina phócaí, a chosa cineál scartha.

"Tá a fhios agat gur mise do chara," a deir sé, gáire tanaí ar a bhéal.

"Tá a fhios agam anois é!"

"Ó, bímse ag iarraidh a bheith cairdiúil le gach éinne."

"Agus is féidir leat gach trá a fhreastal!"

Cuireann sé cor beag ina bhéal, mar a bheadh beagán imní air faoi mo dhúshlán cainte.

"Fan go míneoidh mé duit," a deir sé, ag suí síos ar sheanbhosca éisc a bhí tite in aice láimhe. "Suigh síos ansin agus bí ar do chompord."

Shuigh. Thosaigh sé ag caint. Bhí a shúile dúnta agus a chloigeann san aer go leataobhach mar a bheadh dall ann, ag breathnú amach uaidh sa tsíoraíocht dhorcha.

"Is mise Saol, is tá a fhios ag gach duine sin. D'aithin tú féin mé fiú, cé nach bhfaca tú ariamh cheana mé." D'aontaigh tú leis. Níor oscail sé a shúile.

"Ach is mó mise i bhfad ná mé féin, ná mé féin mar a fheiceann tú anois mé. B'fhéidir gur mé Saol ach is mé freisin gach saol dá raibh, dá bhfuil agus dá mbeidh. Is mé saol gach duine gach lá – gan bacadh leatsa. Tá dualgaisí troma orm mar gheall ar an méid sin daoine. B'fhéidir nach dtuigfeása é seo, ach is maith liomsa chuile dhuine – chuile dhuine beo. Agus ainneoin sin tá daoine ann a bhfuil an ghráin shaolta acu orm."

Osclaíonn sé a shúile, agus féachann ort – lena chinntiú go bhfuil tú ag éisteacht. Leanann sé air; a shúile dúnta arís:

"Gortaíonn sé mé nuair nach maith le daoine mé. Goilleann sé sin go mór orm, mar tá breith ar gach duine beo dul trí mo lámhasa. Ní mise fiú a chuireann fios orthu. Ní iarraim iad. Ach faighim iad. Díreach mar a bheidís á *dump*áil orm de mo bhuíochas. Is faoi mo chúramsa a fhágtar iad. Cúram breise buailte orm le gach duine a thagann. Is ormsa a chuirtear chuile mhilleán freisin."

Tá tocht ina ghlór anois. Tagann dath liathbhán ar a aghaidh. Na habairtí beagnach á dtachtadh.

"Bíonn tír is talamh anuas ormsa – 'Tá mé bréan den Saol.' Tá mé *fed-up* den Saol.' 'Níl cuma ná caoi fanta ar an Saol.' 'Tá mé *browned off* . . . *pissed off* . . . *switched off* den Saol.' Cá bhfuil an té nach ndeireann é? Cá bhfuil sé? Chuala tú féin go minic iad. Cén uair dheireanach a chuala tú éinne a rá, 'Tá Saol breá agam,' 'Ní raibh Saol chomh maith ariamh cheana agam,' sea, tá daoine le ceangal mar gheall orm . . . Cuid acu sásta rud ar bith beo a dhéanamh le n-éalú uaim. Léimeann daoine anuas de bhuildeálacha na céadta stór ar airde. Slogann daoine eile boscaí taibléidí. Crochann daoine iad féin le rópaí currachaí. Stróiceann daoine eile fós a gcuid rostaí le rásúir. Caitheann daoine iad féin le gránghunnaí. Léimeann tuilleadh acu i bhfarraige . . . agus déanann daoine na rudaí uafásacha seo chuile lá beo den tseachtain. Is cuireann siad ar fad an milleán ormsa . . . gach mac máthar acu. Mise údar chuile mhí-ádh, a deir siad. 'Sé an Saol atá ann is cúis leis.'"

Tá a ghlór ar crith anois. Cheapfá go bhfuil sé beagnach ag gol. Níl drioball a gháire fiú fanta ar a bhéal níos mó. I ngan fhios duit féin tá trua chineálta agat dó. Féachann tú aríst air. Tá a shúile dúnta i gcónaí aige agus é mar a bheadh dá shamhlú féin i mbrionglóid i bhfad ó bhaile – mar nach mbeadh os do chomhair ach a chorp amháin. Tá fonn ort labhairt, leis an tost a scaipeadh, ach níl tú in ann smaoineamh ar thada le rá. Tada ar bith beo . . . Is faoiseamh éigin duit go scoilteann sé féin an tost aríst.

"Agus níl sé féaráilte ag daoine an milleán a chur ormsa san éagóir. Tá mothúcháin agamsa freisin, an dtuigeann tú, cosúil le chuile dhuine eile, cosúil leatsa! Is féidir liom a bheith uaigneach nó aerach de réir an lae oibre a bhíonn curtha díom agam. Níl éinne agam le labhairt leis, éinne ach amháin . . . ach amháin Bás . . . agus anois go sealadach . . . thusa. Sin é an fáth gur maith liom gur casadh orm anois thú. Bhí an-droch lá agam inniu . . ."

Bhí leathdhearmad déanta agat ort féin. É ag stánadh isteach sa dá shúil ort anois. Déanann tú amach, bíodh tú ceart nó ná bíodh, gur mó den chion ná den mhailís atá ina fhéachaint. Sin sólás éigin duit – cé go gcuireann faitíos strainséarach ort.

"An féidir liom rud eicínt a dhéanamh duit?" Tá tú ag iarraidh a bheith go deas leis.

"An bhfuil rud eicínt déanta as an mbealach agam?" – cineál imní ort aríst.

"Tá. Tá tú ann. Céard eile a d'fhéadfadh a bheith déanta as an mbealach ag an té nár rugadh fós ach amháin a bheith ann? Cheapfá nach bhféadfadh, ach d'fhéadfadh! Ní maith leat mé – cosúil leis na daoine eile siúd go léir a raibh mé ag caint orthu ar ball beag. Nach luath, a chréatúirín, atá tusa freisin iompaithe i mo choinne?"

Feiceann tú go bhfuil sé ag stánadh díreach san éadan ort. Tá tú míshocair aríst. Cuireann a stánadh gearradh fiaclach faoi bhrú pianmhar thú.

"Ceart go leor, ní maith liom thú, ach níl aon neart air. Táimse faoi ualach pheaca an tsinsir freisin, peacaí mo réamhshaoil. Dá bhfágfaí thiar sa neamhshaol mé, níor ghá dom an peaca sin a iompar. Bheinn saor nuair nach mbeinn ann. Saor saor. Ach fuair mé mé féin sa réamhshaol, ag breathnú amach ar . . . ag breathnú amach ortsa – Saol mór gránna. Ní maith liom a leath dá bhfeicim."

"Ach tá tú ann."

"Faraor, sa réamhshaol amháin, áfach."

"Ach ar do bhealach chugamsa. Nach dtuigeann tú nach bhfuil aon dul uaim!"

"Sin é an deacracht. Ní theastaíonn uaimse a bheith sa réamhshaol ná sa Saol. Níl uaim a bheith ann. Níor iarr mise mé féin. B'fhearr liom go mór fada a bheith aríst i mo réamhneamhní ar ceal thiar sa neamhshaol – sin nó lámh is focal a fháil ón mBás."

"Tá a fhios agamsa go maith gur in atá uait. Bíodh a fhios agat nach bhfaigheann daoine a mbealach féin. Ní ligimse Bás romham rómhinic. Ní fiú leathfhocal i mbéal na stoirme a bhfuil eadrainn. Is cuma le Bás. Ní mharóidh a dheifir é. Tá a fhios aige go maith go dtabharfaidh mise chuile dhuine beo dó luath no mall."

"Ach tagann sé romhat scaití de do bhuíochas . . . nach dtagann?"

Nuair a d'fhéach tú ina threo aríst nuair nár fhreagair sé, ní raibh sé ann. Mar a bheadh rud eicínt a dúirt tú th'éis an ruaig a chur air. Imithe chomh ciúin le deatach, an fhís imithe leis . . .

Gan an fhís féin anois agat, ní áirím Saol a bheith agat, ná a fhianaise le freagairt. Cé nár thaithin Saol leat, d'airigh tú uait an comhluadar ar bhealach aisteach éiginnte. Chleacht tú comhluadar anois. Airíonn tú uait an caidreamh, fiú caidreamh nach dtaithníonn leat is nach bhfuil uait. Mar a bheadh a fhios agat go bhfuil rud eicínt eile ann nach bhfuil agat. Bíonn fonn argóna ort. Tá tonnta ag corraíl i do thimpeallacht.

Tá meáchan ag líonadh an fhocail 'uaigneas.' Múnlaíonn an focal a mhíniú féin. Uaigneas beo idir uiscí suáilceacha uile na broinne. Tarraingíonn tú cicín leochaileach, ach níl tada faoi leith le bualadh romhat anseo. Tuigeann tú nach bhfuil i d'iompraitheoir ach giolla. Ní léi thú beag ná mór. Níl inti ach giolla duitse, giolla don Saol agus don Bhás. Tabharfaidh sí tusa mar fhéirín do cheann acu lá breá eicínt agus ticeálfaidh ar aghaidh mar dhuine ag tarraingt a cos ina diaidh – í folamh, díomhaoin, ídithe, go dtí an chéad ualach athchúrsáilte eile a fhágfar fúithi, má tá sé sin féin i ndán di . . .

Ach is é do cheann scríbe féin is cás leatsa. Tuigtear duit go bhfuil Saol ag faire ort síoraí seasta agus go bhféadfadh an t-aicearra saoil chuig Bás a bheith costasach fiú má bhí meallltach. Tá siad beirt fonnmhar a bheith mar aingeal coimhdeachta agat. Gan saoirse in aon áit uathu ach anseo . . . san áit nach féidir fanacht ná tada a dhéanamh – tada eile ach ullmhú faoi bhrú lena theacht.

Chomh deacair agus a bheadh sé dul i gcleachtadh ar Shaol. Sin an drogall mór atá ort. An oiread sin rudaí ag titim amach. Rud éigin ag tarlú chuile thaobh dhíot chuile am. A oiread eile ag tarlú istigh ionat. Agus ag breathnú amach uait: beagnach chuile dhuine le feiceáil ag imeacht ina gcuaifeach. Deifir. Deifir. Cheapfá go raibh Bás le bualadh leo ar fad tráthnóna inniu ag a cúig a chlog agus ag dul á gcrochadh leis. Gan aon duine sásta a rá, 'Suífidh muid síos inniu. Beidh scíth againn. Feicfidh muid a bhfuil timpeall orainn.' Ach ní móide go n-aithneodh siad a dtimpeallacht féin níos mó. Ach 'téanaim uait, téanaim uait.'

Agus an méid daoine a bhí fonnmhar seasamh ar chosa a chéile, ar dhroim a chéile – go háirithe éinne a raibh sé de mhí-ádh air titim ar an talamh . . . Cén t-iontas Saol a bheith ina phuiteach a deir tú. An bhféadfása thú féin a phiocadh suas as an bpuiteach, dá dtiocfadh do lá. Rinne cuid de na daoine é sin. B'fhéidir gur thaithin Saol leo siúd. Seans go raibh daoine ann a bhí cairdiúil le Saol, daoine a bhí ag iarraidh fanacht sa Saol. Ach nach bhfaca tusa rómhinic iad. B'fhéidir go raibh siad imithe i bhfolach. B'fhéidir má thaithin Saol le duine, nach raibh cead aige taitneamh a bhaint as níos mó, nach raibh cead aige é féin a thaispeáint, ná Saol a cheiliúradh, ach fanacht ciúin tostach agus a chloigeann a shá síos sa láib liath nó sa ngaineamh rua. Ach cén mhaith Saol breá gan cheiliúradh – ól, ceol, filíocht, paidreacha . . . Ach b'fhéidir i ndeireadh an lae gurbh iad seo na daoine a bhí *fed up* de Shaol. B'fhéidir gurb iad seo na daoine a bhí ag ullmhú don Bhás, ag mapáil a mbásanna féin go cúramach tuisceanach i ngan fhios beagnach don Saol mór . . .

Tharlódh sé gur thuig siad gurbh fhearr aontú le Bás, sodar ina threo nó tiomáint faoi lánluas isteach ann. D'fhéadfadh an t-eolas go léir faoi a bheith carnaithe le chéile acu seo roimh ré. Bheadh cairde sna cúirteanna ag na daoine seo. Bhí ríomhairí uilechumhachtacha acu. Ba ar an gcineál seo daoine a chaochadh Bás an tsúil agus iad amuigh ag siopadóireacht san ollmhargadh nuair nach mbreathnódh díreach ortsa ná ormsa. B'fhéidir gur chóir duitse iad a leanacht . . . iad a leanacht i ngan fhios – ionas nach bhfeicfidís thú go mbeifeá chomh gar sin is go

mbeadh sé ródheireanach le casadh ar ais. Chreid tú i gcónaí go
dtaithneodh Bás leat. Nach cosúil gur thaithin le chuile dhuine dar
mhair tráth, ní áirím daoine a bhí beo fós. Cibé sa diabhal é, shílfeá
nach bhféadfadh sé a bheith chomh dona sin agus gan éinne a theacht
ar ais uaidh – fiú na daoine go léir a chuaigh ann agus nach raibh
in ann cur suas lena gcomhdhaoine sa Saol. Caithfidh sé go raibh
siad ag baint ceart dá chéile anois. Níor tháinig fiú ráfla bacach ar
ais lena mhalairt de scéal. Ní fhéadfadh ach duine maith cur suas
leo go léir. Bhí Bás ócé . . . Cibé scéal é, ní fhéadfadh sé a bheith ina
dhiabhal ar fad. Thaithin na daoine leis. Ach ar thaithin sé féin leis
na daoine? B'fhéidir gurb amhlaidh nár lig sé uaidh iad . . . ní hionann
is Saol. Ach mura dtaithneodh Bás leatsa go pearsanta! Má bhí sé
chomh dona le Saol nó fiú níos measa fós! Dá bhféadfá fiú seasamh
nóiméad ar an tairseach, breathnú isteach sa mBás ar feadh cúpla
soicind. Bheadh tuairim eicínt agat céard a bheadh romhat nó cén
sórt rírá a bheadh ar siúl istigh. D'fhéadfá casadh ar ais láithreach
muna dtaithneodh leat . . . bualadh isteach díreach ann dá mbeadh
an chraic go maith . . . ach mura mbeadh! Sea mura mbeadh, ní
bheifeá ag iarraidh Bás a fheiceáil arís go deo. Bheifeá buíoch ansin
ach Saol a bheith agat agus chuirfeá do dhá lámh timpeall air go
ceanúil agus phógfá é suas agus síos, ó bhun go barr agus chaithfeá
an Saol go léir ag cáineadh Bás, ag moladh Saol agus ag déanamh
agallaimh agus ag díol do scéil leis na nuachtáin sráide agus na
stáisiúin shatailíte theilifíse. Bheadh tú mór le rá. Bheadh daoine
do d'aithint ar na sráideanna – ag iarraidh uilleannacha a thabhairt
dá chéile i ngan fhios duit agus ag cogarnaíl, 'Sin é mo dhuine. Sin
é a chuaigh isteach sa mBás is a chonaic an t-iarshaol, is a thug an
t-eolas gránna go léir ar ais chugainn . . . 'Ó sin é é cinnte. Aithním
go maith é. Nach bhfaca mé féin é!' B'fhéidir fiú amháin go
ndéanfaidís Dia dhuit . . .

Bogadh . . . gluaiseacht an ea . . . ? Gan tú socair níos mó. Stríocaí imní ort.
Do thimpeallacht iomlán ar crith . . . crith talún coirp mórthimpeall.
Boige an chúisín ag fáscadh mórthimpeall ort anois, ar tí tú a phlúchadh,
ag luí go trom ina leac ar do chroí, ag brú an anama asat . . . beagnach.

Tá fonn ort scread phianmhar a ligean. Ach níl an scread féin fiú agat. Gan ar do chumas fanacht socair níos mó, fearacht reathaí nóiméadachaí roimh rása.

Pléascadh!

Tá an sruth dod tharraingt, idir dhá uisce de mhná cabhracha. Tá Saol ar thaobh amháin tá a fhios agat agus caithfidh sé gurb é Bás atá ar an taobh eile. Idir eatarthu atá sé. Idir eatarthu atá tú. Tú ag ardú seolta d'aistear contúirteach éiginnte. Bheifeá stampáilte sáinnithe i leabhair oscailte rollaí as seo amach. Go poiblí. An chéad duine eile. Tú i d'uimhir. Cláraithe. Tá an rabharta tuile dod' scuabadh chun bealaigh, cré bheo chuimhne na cruinne do do dhiúl chuici. Do chnogaí briste. Do spreac éalaithe. Do chuid maidí rámha féin ag snámh i gcéin uait le sruth. Gan lorg ingne, ní áirím greim an fhir bháite le coigilt go deo i mbroinn bheo seo na beatha. Gan romhat amach ach osna fhadálach de Shaol . . .

Cé eile air a mbéarfá – muna mbéarfá ort féin . . .

AG PACÁIL

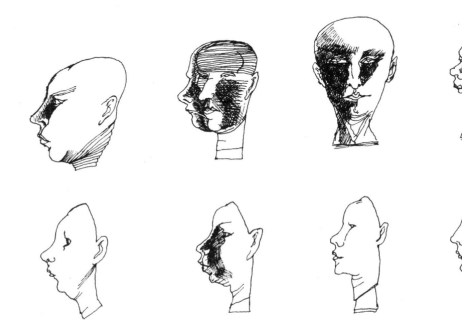

BB 86

AG PACÁIL

Táim ag pacáil ó mhaidin. Ó, gabh mo leithscéal, nílim. Nílim mar nár thosaigh mé go dtí th'éis am dinnéir. Ach bhí fúm tosú ar an gcéad rud ar maidin – tosú le *power-day*. Tosú, críochnú agus fáil réidh leis. Bhí, ar ndóigh, nó gur athraigh mé m'intinn. Agus tuige nach n-athróinn! 'Cén fáth,' a deir mé liom féin, 'cén fáth, ós rud é gurb é seo an lá deiridh anseo agam agus go bhfuil mé ar tí imeacht ar ball beag; cén fáth go gcuirfinn mo lá deireanach ar fad amú ag stócáil is ag pacáil – go háirithe ag pacáil bagáiste nach bhfuilim ag iarraidh a thabhairt liom . . . 'Cineál leathshúil fós agam, is dóigh, go bhféadfainn iad a fhágáil i mo dhiaidh ansin.

Shuigh mé síos go breá dom féin. D'ólas blogam tae agus blogam eile. Thosaigh ar mo mhachnamh mantach. Mhothaíos spíonta tar éis an tsaoil. Róspíonta, ceapaim, le treabhadh liom ag machnamh. Bhí m'intinn níos cóngaraí don bhrionglóid, ag taisteal go luascach ar théad nead damhán alla, ansin ar thairseach tromluí fiú nó gur ruaig mé amach iad . . .

Mar a dhéanfadh seanghadhar bacach leisciúil ann i dteas cistine, shín mé siar go breá dom féin ar an tolg ó chluas go drioball. Cic maith sa tóin le bróga tairní ní chorródh mé. An chéad rud eile, agus sílim i ngan fhios dom féin, bhí mé ag *snatch*áil chodlata . . . i mo chnap codlata, ag srannadh liom ina chantaireacht, ansin ag snámh in aghaidh easa trí fharraigí draíochta mo bhrionglóidí. Is mé a bhí in ann. Bhí, go deimhin. Bhí, agus faraor bheinn fós ar mo sháimhín só ansin murach gur dhúisigh an bastard de theileafón as mo chraiceann beo mé: díreach anois beag. Gleadhradh de dhá *ring* dhúbailte a thacht siar ar ais iad féin chun suain sul má d'fhéad mé an glacadóir a shroicheadh . . .

Ach céard seo . . .

Paidrín Páirteach Neamhráite! Páidrín nár dhúirt mé fadó an lá ó shin th'éis mo gheallúint. Nuair a bhain timpiste bhóthair do mo bhean . . . nuair a briseadh leath dá cuid cnámha . . . nuair a chaith sí trí seachtaine as a chéile san ionad dianchúraim, sul má bhí saor ó bhaol . . . agus níor reic mé ariamh an paidrín bocht sin a gheallas . . .

Ach cá bpacáilfidh mé an phaidir strae neamhráite seo anois go beo, ar an nóiméad deireanach ionas gur féidir liom imeacht, mura bhfuil mé rómhall cheana féin. Isteach sa *suitcase* seans. Ach tá an *suitcase* ag cur thar maoil cheana féin agam leis na smaointe mura bhfuil dul amú mór orm: é lom lán leo. Smaointe. An draoi acu. Smaointe chuile áit – pacáilte os cionn a chéile, brúite síos i mullach a chéile, socraithe le taobh a chéile, casta ar a chéile ag iarraidh méadú, gan a spás dílis dleathach féin fiú fágtha acu faoi seo. Ó, na créatúirí bochta de smaointe! An oiread cineálacha acu ann: an leagan amach a chuirfinn ar gharraí glasraí dá mbeadh agam: an Nollaig a bhí mé le caitheamh i Meiriceá murach stailc na n-eitleán: an lá rásaí a raibh mé dallta agus ar chaill mé mo chiall le mná: nuair a shíl mé cat na gcomharsan béal dorais a mharú i ngan fhios faoi rothaí mo chairr, an t-ábhar úrscéil ar leag mé lámh air i m'intinn tráth agus nár scríobhas: an fógra nuachtáin do phost múinteoireachta a bhí mé ar tí a fhreagairt: an cic pionóis a chinn orm a scóráil sa nóiméad deireanach i gcluiche ceannais sa mbliain . . . bliain eicínt chomh fada siar gur cuma sa diabhal fúithi anois . . . Smaointe rúnda pearsanta nár roinn mé ach corruair le mo bhean chéile – sea, tá siadsan curtha i bhfolach i dtóin an chása agam i máilín plaisteach siopadóireachta *Dunnes Stores*. Níor mhaith liom anois go bhfeicfeadh éinne eile na smaointe sin, ní áirím iad a smaoineamh . . . Sea, ní osclóidh mé an máilín plaisteach smaointe sin níos mó . . . Haidhe! Tusa! Sea, tusa, atá i gceist agam más tú atá ansin. Fan amach! Ná bíodh tusa ag iarraidh speiceáil isteach ann anois ach oiread . . . Ní leat iad, is an rud nach mbaineann leat . . .

Ach céard a bhí mé a chuartú ar chor ar bith? Ó sea, tá a fhios agam anois. Ní raibh mé ag cuartú tada ach . . . ach amháin spás eicínt leis an bpaidir seo a phacáil: an Paidrín Páirteach Neamhráite. Cén smál a bhí orm agus mé mé féin a chur faoi dhíon na mionn mar sin, nó níos measa fós nár aithris i dtigh diabhail í agus fáil réidh léi – í a rámhaillí nó a chasacht amach fiú – agus ní bheinn ag iarraidh pluaisín a aimsiú lena sacadh ann anois. Ba chuma liom ach tá an *suitcase* seo lódáilte cheana féin. Thar maoil agus ar tí pléascadh. Ní dhúnfar go deo é má osclaím aríst é . . . Ach céard faoin mála dearg seo? *Manchester United: The Red Devils*, brandáilte go láidir air. *By dad*. É agam ó bhí mé i mo dhéagóir fadó. An chosúlacht air féin go bhfuil sé lán freisin. Fan anois go bhfeice mé liom. Dá mbeadh a fhios agam céard sa mí-ádh atá curtha isteach agam ann. Cá bhfuil an *bloody* sip? Foighid ort soicind amháin. Zizzzz . . . Ó,

Dia linn is Muire. Tá sé seo ag pléascadh thar maoil freisin. In ainm Dé! Dearmadachaí. Iad ag doirteadh amach as ar an urlár orm. Dearmadachaí agus dearmadachaí agus tuilleadh dearmadachaí móra . . . Nár chóir go mbeadh a fhios agam go maith go raibh an mála seo curtha go maoil a mhainge cheana agam – agus an oiread sin dearmadachaí cruinnithe agam ann: nuair a rinne mé dearmad an bille leictreachais a íoc, nuair a d'fhág mé mo bhróga peile i mo dhiaidh sa seomra gléasta, nuair a rinne mé dearmad breathnú ar an gclár teilifíse faoin spás, nuair a ghlasáil mé m'eochair istigh i mo charr . . . An méid sin acu le feiceáil i mbarr. Agus an draoi dearmadachaí eile atá cardáilte agam leis na cianta caite thíos ar thóin an mhála. A bhformhór dearmadta glan agam féin faoi seo fiú. . . Bíodh an fheamainn acu anois. Dá bhféadfainn a raibh sa mála a phacáil isteach arís ann; an tsip a fháscadh timpeall gan na taobhannaí a phléascadh, bheinn ócé. Ní dhéanfad rúmáil go deo do thada eile i mála dearg seo na ndearmadachaí – ní áirím spás sách mór do Phaidrín Páirteach Neamhráite . . .

Thabharfainn liom sa bpóca taobh istigh de mo chóta mór é dá bhféadfainn, ach amháin nach mbeidh aon chóta ná éadach liom ag imeacht . . . nó fáiscthe i mo ghlac b'fhéidir, ach nach mbeidh ar mo chumas breith ar thada . . . an oiread sin bagáiste agam le breathnú amach dóibh mar atá mé . . . ceangailte timpeall mo bhásta b'fhéidir; ach níl sé sách fada . . . Fan go bhfeice mé. Foighid ort anois. Céard seo. Bosca eile fós. Bosca dubh eicínt. Bosca dubh adhmaid nár casadh im bhealach le fada sílim. Fan nóiméidín beag amháin. Litreacha móra dearga air:

FRAGILE

Ní mór a bheith cúramach scaití. Is níl glas air fiú ach é beagnach oscailte. An clár ar bogadh. Caithfidh sé gur thréig mé faoi dheifir é geábh eicínt, nó sin go raibh mé ar tí dul ar ais chuige: gan ann ach an laiste beag seo a ardú: lipéad eolais faoin laiste dom ar a laghad – Paidreacha Neamhráite!

Mo chuimhne is mo dhearmad! Cén diabhal atá ag teacht orm. Nach níos luaithe inniu a phacáil mé é seo. Anois b'fhéidir, go bhfuil liom. Riar dá bhfuil sa mbosca seo ag dul siar i bhfad is i bhfuaire . . . siar chomh fada leis an am rialta a mbínn ag paidreoireacht – na cinn siúd nár aithris mé ag fanacht anseo liom anois . . . na paidríní ar fad nár dhúirt mé do na mairbh . . . na deichniúir a d'fhág mé ar lár mar aicearra deifreach sna paidríní a dúirt . . . nóibhéine eicínt nár chríochnaíos . . . bigil oíche ar éirigh mé bréan di th'éis leathuaire . . . Lá an Tobair nuair nach ndeachaigh mé thar thobar an phub ar mo chuairt . . . Turas na Cruaiche a chuir mé orm féin agus ar éirigh mé as ag bun an chnoic th'éis mo gheallúint shollúnta . . . dhá thuras ar Chnoc Mhuire ar cuireadh an bhail chéanna orthu . . . Lourdes . . . an íde chéanna. Ó ná bac le Loch Dearg. Turais uile na croise: stop. Stop a deirim. Sin sin. Fáisc an clár anuas ar an mbosca seo go beo beo, sul má imím glan as meabhair. Tá mo dhóthain feicthe agam. An iomarca. Dheamhan a' féidir a bheith sách cúramach le hearraí atá leochaileach. Is minic ráite agam é. B'fhurasta smidiríní a dhéanamh díobh. Agus gach ceann acu chomh sainiúil sin . . . Ach tá an bosca dubh seo pacáilte go haireach agam ar a laghad. Na Paidreacha Neamhráite chomh socraithe cúramach in ord le bláthanna i mbláthfhleasca ar chré úr uaighe . . . Ní mór sin, arae bí cinnte go mbainfear tuairteáil as an mbosca ar an mbealach. Diabhal fios beo cén sprid a bheas ag láimhseáil an bhagáiste seo ar ball beag . . . Agus murab é inniu Dé Luain freisin i mullach an mhí-áidh. Má chaitear timpeall go suarach iad mar a chaitheann giollaí bagáiste aerfoirt d'fhéadfadh rudaí a bheith ina gciseach. Is mo Phaidrín Páirteach Neamhráite bocht . . . ba chóir dom é a chur sa mbosca seo dá mbeadh ceart le fáil . . . ba chóir, ar ndóigh, ach tá an bastard . . . (ó, *sorry* níor cheart dom a bheith ag eascainí, inniu go mór mór) . . . ach tá an bastard de bhosca seo lán: lán go *bend*. Ní phacálfá scoilt i ribe gruaige isteach ann, ní áirím Paidrín Páirteach Neamhráite. Níl mé cinnte fiú an mbeidh mé in ann é a dhúnadh aríst gan damáiste a dhéanamh. Cuirfidh mé mo mheáchan anuas air ar ball beag. Súil le Dia agam nach dtarraingeoidh mé an chomhla ó na hinsí meirgeacha nó titfidh a bhfuil bailithe istigh ann ó thús mo shaoil agam amach as . . . An rud deireanach atá uaim anois ná saol eile anseo le tosú á gcruinniú i mullach a chéile aríst . . . Ach an Paidrín Páirteach Neamhráite seo atá romham chuile áit. Is beag an mhaith é mo bhosca mór dubh lena aghaidh, is beag sin. Agus tá chuile mhála dá raibh agam ariamh lán go drad . . . chuile mhála, chuile bhosca, chuile *suitcase* . . . chuile chuile chuile ní beo . . .

É a fhágáil i mo dhiaidh! Ach ní fhéadfainn é a fhágáil i mo dhiaidh muna bhfaighinn duine a thógfadh ar lámh é . . . Nach in é an fáth a bhfuil mé coinnithe anseo fós? Nach mar gheall ar gur fhág mé i mo dhiaidh cheana é, nuair a bhí agam é a rá atá sé ag trasnaíl romham anois. Agus cén chaoi sa diabhal a bhféadfainn é a fhágáil i mo dhiaidh trí dhearmad agus gan mé ach th'éis é a thabhairt chun cuimhne. É ina sheasamh amach ansin os mo chomhair anois mar thaibhse ag stánadh orm agus gan aon áit agam dó. Ní fhéadfainn a áitiú orm féin feasta go ndearna mé dearmad é a ardú liom san ualach. Th'éis dom é a chuimhneamh chugam anois díreach. B'in bréag. Ach céard is féidir le duine bocht a dhéanamh? Céard is féidir le duine a dhéanamh leis an ní nach fiú a thógáil is nach féidir a fhágáil . . .

É a chur i mo sparán? I mo sparán! Ag magadh atá tú? B'in rud ait. Níor chaith mé uaim mo sparán go fóill ceart go leor – mé ceanúil ariamh air. Mé ag iarraidh é a choinneáil in áit shábháilte go dtí an nóiméad deireanach, is dóigh, fearacht chuile dhuine – cé go bhfuil a fhios agam go rímhaith nach féidir liom é a thabhairt liom . . . nach mbainfeadh sé le mo bhealach feasta. Creidim go mbeadh sé go mór as alt san áit a bhfuil mé ag dul más fíor. Sin é an chúis a bhfuil sé folmhaithe amach go coinsiasach agam le mo shaol. Cén gnó atá agamsa d'airgead níos mó, fiú má tá luí éigin agam fós le mo sparán . . .

Ach mo Phaidrín Páirteach Neamhráite a shacadh isteach sa sparán! A fhórsáil isteach ann, b'fhéidir in aghaidh a thola! Sin scéal eile. Bheadh sé sin aisteach, ní áirím éagórach. Cén chaoi sa mí-ádh a réiteodh Paidrín Páirteach Neamhráite le sparán nach raibh istigh ariamh ann ach píosaí snasta saolta airgid . . . agus nótaí móra leathana airgid, cártaí leitheadacha creidmheasa a raibh cloigne rómhór orthu, seiceanna glice a chaochadh an tsúil scaití . . . chuile airgead eile dar leag mé lámh air . . . airgead oibre, airgead póca, airgead talún, airgead goidte, airgead caillte, airgead altóra, airgead feamainne, airgead beithígh, airgead na chéad chomaoineach, airgead an tsagairt, airgead na mná, airgead na ngasúr, airgead na bhfeaigs, airgead pórtair, airgead cearrbhachais, airgead striapachaí . . . airgead a chuir mé go domhain i bhfolach ar fhear na cánach nuair a rinne amadán de: Yipeeee . . . ! Ó . . . gabh mo leithscéal. Níor cheart dom é sin a rá os ard. Ná habair le héinne beo é sin ar a bhfaca tú ariamh. Gabh mo leithscéal faoi mo chuid sceitimíní . . . Ach *sure* ní fhéadfainn Páidrín Páirteach Neamhráite a chur isteach i sparán mí-ásach bradach dá leithéid. Bheadh sé giodamach míshocair agus ag únfairt amhail páiste scoile nach ligfeadh a mháistreás chuig an leithreas . . . Ach céard sa diabhal é seo? Ceapaire feola i naipcín páipéir bhoird. É á mhungailt ag caonach liath. Bhuel, bhuel, bhuel! Anois nach deacair éalú ón saol, agus mé ag ceapadh go raibh mé réidh go deo leis na nithe sin. Cibé cén aois ar fhág mé ansin é. Ach bíodh aige. Bíodh an fheamainn reatha aige. Piocadh neach eicínt eile suas é ar ball má thaistealaíonn aon neach eile an bealach seo choíche . . . Céard a bhí ar bun agam ar chor ar bith sul má tháinig mé ar an gceapaire lofa úd . . . Ó é seo anseo, an Paidrín Páirteach Neamhráite seo atá fáiscthe i mo ghlac allasach agam, clocha an phaidrín ag silt deora beagnach. Is mór an t-anró é. Murach go bhfuil a fhios agam a mhalairt is beag nach gcreidfinn gur cuid díom féin é faoi seo – é chomh deacair sin agam é a chur uaim . . . Mé féin is measa. Cá bhfios nach bhféadfadh sé a bheith ráite ó mhaidin agam dá gcuirfinn chuige . . . in áit a bheith ag ropadh liom ag pacáil is ag útamáil timpeall.

Sea, más é do thoil é – mura miste leat, ó tá tú ansin agus do dhá lámh chomh fada lena chéile – coinnigh greim air dom thusa ar feadh dhá tic. Díreach tic amháin féin mar sin fad atá mé ag fáscadh na málaí seo le chéile . . . Go raibh míle maith agat: is fad saoil. Is fearr dom beilt a cheangal timpeall an chása seo freisin ar mhaithe le sábháilteacht . . . faitíos go bpléascfadh sé ar an aistear, an dtuigeann tú.

Ócídóc mar sin. Gach rud liomsa ina n-áit féin agam. Nach fearr dom mo sheolta a chrochadh agus bóthar a bhualadh as láimh ó tá mé réidh. Nó an bhfanfaidh mé leatsa, a chara dhílis . . .? Má tá tú saor ón bPaidrín Páirteach Neamhráite sinsearach sin . . .

BUALADH AN BHÁIS

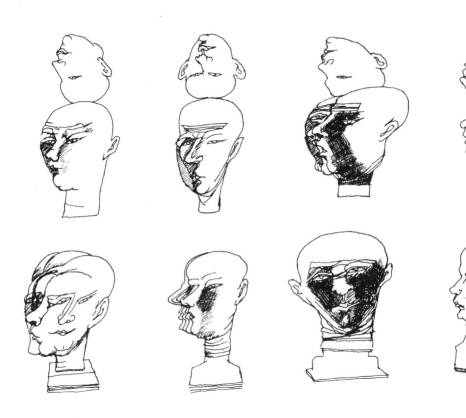

BB '85

BUALADH AN BHÁIS

Ba mhór an peaca d'Éamann Bheairtle fanacht caillte ina chónra níos faide. Ní fhéadfadh sé, go deimhin. Bhí sé rómhaith – i bhfad rómhaith le bheith básaithe. Chuile dhuine de chomhluadar suairc na sochraide á mholadh – á mholadh go haer is go talamh – á mholadh ó bhun na spéartha aníos – fiú iad siúd a raibh an ghráin shaolta acu air tráth; iad siúd a raibh sean-*spite*annaí acu dó; iad siúd a bhíodh ag eascainí air is á shíordhíbliú; iad siúd nár bheannaigh dó leis na cianta; iad siúd a thrasnódh a thaobh den bhóthar lena sheachaint, iad siúd a bhreathnódh faoi dheis dá mbeadh sé ar chlé, is a bhreathnódh síos díreach ar an talamh dá mbeadh sé 'chaon taobh dóibh. Iad ar fad go dúthrachtach á mholadh os ard anois. Bhí siad á chaoineadh, á chaoineadh is á chaoineadh – má bhí.

"Bhí Éamann lách, an fear bocht."

"*Miss*eáilfidh an baile go mór é."

"D'fhéadfá brath ar Éamann bocht, d'fhéadfá sin."

"An créatúr bocht."

"Bhí sé go maith do chuile dhuine beo."

"Bhí an diabhal bocht, fiú má bhí sé cineál simplí féin."

"Bhí."

"Bhí."

"Bhí muis."

Nár mhór an peaca dom fanacht marbh sa gcónra cláir seo oiread agus nóiméidín amháin eile, a smaoinigh Éamann. Ní bheadh sé ceart, cóir na cineálta. Go deimhin bheadh sé éagórach ar na daoine maithe croíbhriste seo. Caithfidh sé go bhfuil mearbhall orm, nó gur duine eile atá ionam anois . . . nó mar sin ní mise a leag suas iníon Mhicil Bán ar chor ar bith; a bhris isteach i siopa Mháire Aindí is a d'fhuadaigh dhá mhíle punt as, a ghoid na cnapáin siúcra as tae an tsagairt lá na stáisiún, a *chrash*áil isteach i gcarr Mháirtín Mhóir gan cáin ná árachas, a thug *match* d'oifig an chomharchumainn nuair a sacáladh mé, a bhris isteach i mbeairic na ngardaí ar thóir mo chuid poitín, a . . .

De rap fíochmhar fórsúil amháin phléasc sé aníos clár donn na cónra. Dhírigh aniar. Sheas suas díreach. Chomh díreach le slat úr saile i lámh máistir. Dhúisigh na sochraidigh suas ina gcíor thuathail as a bpaidirchodladh. Léim daoine amach as a gcraiceann agus isteach i gcraicne daoine eile. Tháinig sleaic ar chúpla duine. Rinneadh mar a bheadh leathsheit agus leathváls idir cheithre chomhairle ann. Rinne an chuid eile staiceannaí seaca fuara laethanta deiridh Márta díobh fhéin.

Bhreathnaigh Éamann Bheairtle Ó Cualáin ina thimpeall. Ina thimpeall aríst eile de mhallghluaiseacht thostach ó dhuine go duine. Ní raibh ach a chloigeann agus barr a ghuaillí ar éigean aníos os cionn bhruach na huaighe. Bhí cár gáire air. Straois. Straois a mhéadaigh. Straois mhór leathan amaideach.

"Caithfidh sé go bhfuil an-áthas anois oraibh go bhfuil mé beo im bheatha aríst?" a deir sé go suáilceach, ag brú cineáltais. Stop sé, ag súil le freagra, nó dúdaireacht eicínt ar a laghad. Freagra ná focal ní bhfuair sé. Scoilt sé féin an tost aríst. "Cé gur thaithin an bás liom i bhfad níos fearr ná an saol dearóil seo, ní fhéadfainn gan a theacht ar ais in bhur gcomhluadar, ó chronaigh sibh uaibh chomh mór sin mé. Tá sibh an-deas, an-mhacánta. Rómhacánta. Ba ríchineálta uaibh ar fad labhairt go moltach onórach fúm. Chuile dhuine beo agaibh. Agus ba mhór an díol trua dom sibh i mo dhiaidh. Bhainfeadh sibh deora as cruachlocha glasa Chonamara le bhur gcuid olagóin agus dá bhrí sin tá an-áthas orm . . . an-áth – céard seo . . . cén fáth an ciúnas is na súile móra leathana . . . an mbraithim sórt díomá oraibh gur aiséirigh mé ón taiséadach . . . ba chuma liom ach tá sé beagán róluath agam bás a fháil athuair, nach bhfuil . . . ach ar an taobh eile den scéal níor mhaith liom a bheith ag cruthú deacrachtaí d'éinne anseo ach oiread. Gabh mo leithscéal mar sin, a chairde dílse na páirte agus a chlann Dé, ach an bhfuil cead agamsa fanacht beo? An bhfuil?"

Níor fhreagair siad ar dtús. Níor labhair. Sheasadar timpeall ina spící, ina gcuaillí teileafóin, ina maidí fuar seaca . . . An sagart. An t-adhlacóir. An dochtúir. Fir oibre. Baintreach an fhir bheo. An mionpholaiteoir áitiúil a rinne cosán dearg chuig chuile shochraid. Gaolta. Gaolta i bhfad amach.

Gaolta a shéan a ngaol. Gasúir bheaga, gasúir mhóra. Déagóirí. Comharsana. Muintir an bhaile. Daoine thar baile isteach. Corrdhuine nár aithin éinne . . .

— D'ól mé cúig phionta dhéag ar a thórramh. D'ól muis. Cúig phionta dhéag. Níor chuir mé mo mhoustache síos in oiread pórtair le fada an lá cheana, scoth an phórtair, ar fhear nár chaith aon phingin ariamh ar phórtar, nár caitheadh aon phingin dá chuid ar thada nó gur bhásaigh sé. Ná milligí ár lá naofa óil orainn . . . Ná ligigí dhó fanacht beo.

— Tá mé cinnte go raibh sé marbh. Tá mé cinnte siúráilte dearfa de. Nár chuir mé mo lámh ar a chuisle. Nár chuir mé mo lámh faoi dhó agus trí huaire féin ar a chuisle, ar a chroí, ar a . . . Tá mé dearfa nach raibh aon dé ann. Cinnte siúráilte dearfa. Nach bhfuil a fhios agaibh féin go maith go n-aithneoinn fear caillte seachas fear beo . . . agus a bhfuil feicthe agam acu. Ar a bhfaca sibh ariamh is ar mhaithe le m'ardú céime . . . ná ligigí dhó fanacht beo . . .

— Tá an chónra millte anois *anyways*. Ní fhéadfaí í a úsáid aríst. Tá boladh uaithi. A ainm is a dháta báis brandáilte go dána ar an bpláta práis, gan bacadh le é a bheith ar na páipéir is an raidió. Ní fhéadfaí cónra a athchúrsáil seachas rud ar bith eile. Bheadh sé mí-ádhúil, míshláintiúil. *Health risk* ceart. Ní bheadh duine beo fiú sásta dul isteach i gcónra dara láimhe, nó i gcónra dara coirp, ní áirím duine caillte . . . Ar son Dé ná ligigí dhó fanacht beo . . .

— Níor vótáil sé ariamh dom. Níor vótáil sin. Leis an bpáirtí eile a bhain dílseacht na mBeairtleachaí ariamh, is níor athraigh siad nuair a d'athraigh dreamanna eile aimsir na b*potholes* is an uisce. Tar éis an méid laethanta vótála ar chuir muid carr chuig a theach lena thabhairt amach ag vótáil. Saothar in aisce. Toghchán i ndiaidh toghcháin. Is níor vótáil sé ariamh dom tar éis an méid sin, is ní móide go n-athróidh sé anois agus toghchán eile sa mullach orainn . . . Ná ligigí dhó fanacht beo . . .

— Bhí sé gránna ar aon nós. Bhíodh sé de mo scanrú ag an gcrosbhóthar ag teacht ón scoil. Ag iarraidh faitíos a chur orm. Ag *act*áil an amadáin. Bhíodh sé ag caint faoin bpúca, ag caint faoi thaibhsí, ag caint faoi shíóga, ag caint faoi rudaí aisteacha nach bhfuil ann níos mó. Ag insint scéilíní seafóideacha. An méid uaireanta a chuir sé faitíos orm . . .

Bhínn ag fliuchadh mo bhrístín, ag cailleadh codladh na hoíche, ag dul amú i ndrochbhrionglóidí mar gheall air . . . Ná ligigí dhó fanacht beo . . .
— Chuir mé deich bpunt ar a altóir. Deich bpunt féin, a mhac. Chuir muis. Tar éis chomh crua agus a bhí sé saothraithe agam, thoiligh mé scaradh leis, mar bhuíochas do Dhia na Glóire as toradh mo ghuibhe – nach bhfeicfinn ag slíbhíneacht thar dhoras mo thí choíche aríst é. Ach nár lige Dia go bhfeicfinn ag slíbhíneacht thart aríst é, ná go mbeadh an dara haltóir air amach anseo. Bhánódh sé sin uile mé . . . Bhánódh . . . Ná ligigí dhó fanacht beo . . .
— Bréagadóir ab ea é. Deargbhréagadóir. Ag ligean air féin go raibh sé caillte. Ag cur dallamullóige ar dhaoine. Ag iarraidh aird a tharraingt air fhéin. Seó. Seó bóthair. Ag iarraidh leibidí agus bobarúin agus ceap magaidh a dhéanamh do mhuintir an bhaile seo os comhair an tsaoil mhóir . . . Ná ligigí dhó fanacht beo . . .
— Nár thaistil mise seachtó míle le bheith anseo ar a shochraid. Seachtó míle fada Éireannach agus gan aon orlach ná leathorlach fiú bainte as oiread is ceann amháin acu. Agus an tsláinte ag cliseadh orm mar atá mé. Mé do mo chur féin i mbaol is i gcontúirt, le go bhfeicfinn marbh os cionn cláir é. Le go bhfeicfinn marbh os mo chomhair le mo dhá shúil féin é. Chaithfinn. Mura raibh muid ag caint lena chéile féin, ní thabharfainn le rá nach dtiocfainn ar a shochraid. Seachtó míle, th'éis chomh dona is atá an tsláinte agam . . . th'éis mo chuid scoilteachaí, mo chuid *varicose veins*, mo bhrú fola, mo dhroch-chroí, mo chuid . . . chuid . . . Ar a bhfaca sibh ariamh, ná ligigí dhó fanacht beo . . .
— Bhí geall curtha agam air leis an ngeallghlacadóir. Bhí, go deimhin. Cúig mhíle punt. Cúig mhíle punt nach mbeadh sé beo ag deireadh na seachtaine. Caillfidh mé chuile shórt. Caillfidh mé mo theach, mo charr, mo bhean cholscartha – a bhfuil agam . . . Dá bhfanfadh sé caillte go dtí an tseachtain seo chugainn féin bheadh mo chuid airgid *claim*eáilte agam agus deatach bainte as . . . Ná ligigí dhó fanacht beo . . .
— Ní hé atá ann ar chor ar bith. Drochsprid é. Drochsprid eicínt eile a dhéanfas dochar má fhaigheann cead ceanndána a chinn. Ní don saol seo ar chor ar bith é níos mó cinnte. Cá bhfios nach é an diabhal féin é, faoina chruth bréagach. Droch-dhiabhal a bhí ariamh ann. Ní ar mhaithe linne atá sé cibé é . . . Ná ligigí dhó fanacht beo . . .

— Ag ligean air féin go raibh sé simplí. Simplí. Simplí, simplí *my foot*.
Is dóigh go gceapann sé anois go gcreidfidh muide go raibh sé chomh
simplí sin ar fad agus nach raibh a fhios aige gur cheart dó fanacht
básaithe nuair a cailleadh é mar a dhéanfadh marbhán ar bith a mbeadh
ciall aige. Mar a dhéanfadh corp marbháin a mbeadh ómós eicínt aige
don chréatúr cráite a bheadh fágtha beo ina dhiaidh. É féin agus a chuid
simplíochta simplí seafóidí. An buinneachán bréan brocach bradach . . .
Ná ligigí dhó fanacht beo . . .
— Ní bhfaighidh mé pinsean na mbaintreachaí anois. Diabhal pinsean
níos mó má bhíonn an magarlach timpeall. Náireofar aríst mé, mar a
déanadh nuair a d'imigh sé leis cheana nuair a tugadh 'baintreach an
fhir bheo' orm. Bheadh sé scannalach ligean leis anois. Bheadh sé
éagórach. Bhí sé bréagach ar aon nós – ag déanamh amach go raibh sé
caillte, an bréantas. Sin feall. Fealltóir bradach. Is maith atá an bás tuillte
aige. Má bhí sé caillte, bíodh sé caillte, agus fanadh sé caillte mar a
dhéanfadh fear gnaíúil. Tá sé suarach go leor orainn nuair a bhíonn duine
ina bhligeard maith ar an saol seo, ach nuair a thagann duine ar ais go
speisialta ón saol eile le bheith ina bhligeard maith athuair, tá sé deich
n-uaire níos measa. Ná bíodh níos mó faoi anois . . . In ainm dílis Dé,
ná ligigí dhó fanacht beo.
— Rug mé in am air. Rug mé in am air agus chuir mé an ola
dheireanach air. Ní bhéarfainn murach gur fhág mé mo dhinnéar breá
i mo dhiaidh ar an mbord ag fuarú. Ní bhéarfadh muis. Murach mé
ní dhéanfadh sé an fhíorfhaoistin dheireanach a rinne sé. Fíorfhaoistin
aníos amach óna chroí a d'fháisc mé as . . . Sciúradh anama ceart. Nuair
a bhí ag cliseadh air agus a chuid análacha spíonta ina dhá leath, nár
dhúirt mé an "Ó mo Dhia" isteach díreach ina chluas. Dúirt, agus sul
má d'fhéadfadh mo phaidir dul trína chloigeann cipín agus amach sa
gcluais eile – nach raibh sé séalaithe. *By dad* bhí. Ó ba chuma, bhí a chuid
peacaí ar fad maite agam, fiú an chuid ba mheasa, chuile cheann beo –
agus mura raibh ualach acu ann . . . gadaíocht, cúlchaint, bréaga, eascainí,
diamhasla, drúis, drúis agus drúis . . . Agus sin gan bacadh ar chor ar
bith leis na céadta cineálacha peaca eile a d'fhoghlaim sé d'aon ghnó ón
Teagasc Críostaí nua. Bheinn anseo go maidin . . . Bheinn. Ach faoin am
a raibh mise réidh leis, mura raibh a anam déanta; chomh déanta le

droichead daingean cloiche agus é b'fhéidir leath bealaigh chun na
bhflaitheas dá gcoinneodh an t-amadán mór air . . . An chéad uair eile,
sea an chéad uair eile b'fhéidir nach mbeadh an fear bocht leathréitithe.
B'fhéidir go mbéarfaí amuigh air. Agus maidir lena altóir. Ba í an altóir
ba mhó í dá raibh ar fhear caillte sa deoise seo fós. Caithfidh sé go raibh
fíormheas air, sin nó fíor-dhrochmheas, is bhí daoine an-bhuíoch é a
fheiceáil os cionn cláir. An oiread sin *fivers, tenners* agus fiú roinnt *twenties*
. . . agus maidir le hAifreannacha . . . na céadta acu agus *fiver* eile istigh
le chuile chárta. Ó an oiread airgid is a cheannódh na flaithis do leath
na ndiabhal beag atá thíos in ifreann. Ó ní fhéadfainnse é ar fad a
thabhairt ar ais choíchin – dhá shaoire coicíse curtha in áirithe agam i
mBangkok, cnap airgid leagtha síos agam ar charr nua . . . Ó is amhlaidh
dhéanfadh síneadh saoil dochar dó cibé é. Dochar mór. Ar mhaithe leis
féin atá mise. Bhí a anam chomh déanta glanta sciúrtha le leacht nua
marmair reilige. Ní móide go mbeadh sé leath chomh réidh an chéad
bhabhta eile – más babhta eile a bheas ann. Ní fhéadfadh sé a bheith
chomh réidh agus a bhí cibé é, ná a anam a bheith chomh déanta.
Ar ndóigh dá gcuirfí glaoch ola go deo aríst orm ar a shon, ní fhéadfainn
freastal air . . . ní fhéadfainn muinín a chur i nglaoch dá shórt. Is é fhéin
an fear bocht a bheadh siar leis ansin, sé sin. Mála eile peacaí cardáilte
aige, b'fhéidir, nach mbeadh fiú oscailte. Toil Dé go ndéantar. Níl muid
uile ach ar mhaithe leis . . . Ar son Dé is na Maighdine Muire is ar mhaithe
leis féin is leis na naoimh uile is ar mhaithe leis na hanamacha go léir atá
ag fulaingt go dúthrachtach i bpurgadóir . . . ná ligigí dó fanacht beo . . .
    —   Ná ligigí dó fanacht beo . . .
    —   Ná ligigí dó fanacht beo . . .
    —   Ná ligigí dó fanacht beo . . .
    —   Áiméan.
Buaileadh a chosa. Briseadh a chnámha. Casadh a lámha. Céasadh a
ghéaga. Scoilteadh a bhlaosc faoi dhó. Cuireadh fuil ar a éadan; ar chuile
bhall dó. Sracadh a chuid gruaige. Tarraingíodh leath de na magairlí as.
Tugadh dath dubh air le greadadh ciceannaí. Sádh le sceana é; áit ar bith is
chuile áit a raibh greim fiacail feola le fáil. Chaith páistí *spite*annaí leis . . .
Beannaíodh an corp ansin.

AN CHARRAIG

BB '85

AN CHARRAIG

Déarfá gurbh ann ariamh di. Í ina carraig chomh storrúil damanta mór. Mór millteach. Agus téagarach. Charnódh a ceathrú fiú na céadta tonna meáchain ar aon scála ar domhan. Go deimhin, ní carraig ach ollcharraig. Fathach-charraig. Dia-charraig . . . Í sáilbháite go leisciúil i sméar mhullaigh an chnoic – go sócúil compordach cheapfá, mar a sciorrfadh go ceanúil d'ainsiléad Dé. Í ina máistir. Ina máistir feiceálach. Ina hardmháistir ceannasach, cumasach. Thar a bheith ceannasach cumasach ag breathnú – fiú más i ngan fhios agus dá hainneoin féin é. Í ansiúd ag bearnú na mílte amharc i bhfáithim dhraíochtúil ildathach na spéartha. Níor ghéill an charraig ariamh d'aon tsúil ná sleasamharc dá ghéire, dá láidre, dá impíche. Rinne sclábhaithe feacúil adhrúil dóibh dá mbuíochas ag urú a n-amharc. A cos i dtaca, sheas an fód go huasal dalba. Tostach. Marbhthostach. Tost críonna brionglóideach na haoise: na n-aoiseanna. A cruth sainiúil tostach féin aici ón uile mhíle uillinn sleasach. Síorathrú ar a síorchruth dá corp rocach carraigeach – na céadta leiceann uirthi: na céadta glúin: na céadta colpa: na céadta cluas: na céadta boiric: na céadta clár éadain: na céadta faithne: na ceadta goirín: na céadta at: na céadta súil: na céadta gearradh drúichtín: na mílte céadta . . . D'aithneofá go bhfaca an charraig an uile mhíle ní ó chúil uile a cinn. Níor ghá di breathnú fiú. Chonaic i ngan fhios an dúiche uile máguaird. Amach os a comhair. Machairí droimleathana. Cnocáin bheaga ghlasa. Bánta aeracha bána, Claíocha biorracha is mantacha. Bearnaí. Ailltreachaí. Clochair. Sclaigeanna is scailpeanna. Leacrachaí loma. Leacrachaí fada fadálacha. Is cótaí de chaonach liath fáiscthe anuas ar chuid acu . . . Agus garrantaí. An draoi acu. Iad cearnógach, ciorclach agus triantánach. Tuilleadh garrantaí éagruthacha. Cosáin aistreánacha. Portaigh bhoga riascacha. Srutháin chasta leath-éalaithe as amharc. Gleannta doimhne ag síneadh agus ag síneadh uathu níos faide i gcéin . . . Agus níos íochtaraí síos – cuanta leathana: crompáin chúnga: caltaí: céibheanna clochacha lámhdhéanta: tránna geala fairsinge, sáinnithe cungaithe scaití ag na taoillte tuile. Farraigí saora imirceacha . . .

Cheapfá gur sheanmháthair uasal chríonna í an charraig díobh go léir. Seanmháthair chiúin thostach, nár thug mórán airde ar a gairm, déarfá . . . ach a bhí ann i gcónaí mar sin féin, ar nós aosach máchaileach i gcathaoir rothaí. Níor lig as amharc iad. Aingeal coimhdeachta cianradharcach. Í cúthail, b'fhéidir leathbhodhar fiú. Mar a bheadh ag míogarnach léi ansin . . .

Ba é a saol é. A mhalairt eile níor chleacht a cnámh droma neamhaclaí stadaithe. Acraí fada de bhlianta cardáilte istigh inti . . . Na céadta bliain. Na mílte bliain. Na milliúin bliain. Chuile mhac bliainín acu ceansaithe smachtaithe ag a crústa. Screamhóga loma de chruachrústa – screamhóga dá chruaichte dalba a thoiligh go suáilceach leis an gcrotal aerach neadú, síolrú, bíogadh, péacadh, searradh agus fás ina screamh sláintiúil ar a craiceann garbh . . .

An charraig chomh fada anois ann gur ar éigean ba chuimhneach léi féin a giniúint ná a breith. Ainneoin a cnoc cuimhne, cuimhne radharcach na gealaí, mar a bheadh fáiscthe isteach faoina beilt . . . Gan aici inniu ach spreabchuimhne ar chorraíl spleodrach a cruthaithe roimh chianré athchúrsáil na cruinne. Gan de phian ann di ach a fáiscbhreith. Seachas cianscread phléascach a cruthaithe fadó fadó níor fhulaing pianta fáis . . .

Cheapfá gurb amhlaidh ansin, mar ar rugadh í agus a raibh a cos i dtalamh anois aici, a d'fhás sí suas. Ba chuma. Anseo a chonacthas í ina máistir. Smachtaigh dúil shantach na ndúl inti thar na glúnta. Níor chreim drochíde aon dúil acu í . . .

An leac oighre: an leac leac oighre a chaith na céadta bliain ina braillín bhán d'aiséadach reoite anuas uirthi – leá. Leá leis go drogallach. Sciorr le fána ina mhilliún de bhraonacha náireacha géillte, ina shruthán casta ag cruthú rompu a gcosán éalaithe. Sioc. An sioc dubh nár chuir a fhiacail ghobach fiú scáile na dinglise inti. Gháirfeadh an charraig faoin sioc dá mbeadh mímhúinte. Fearacht na gréine – an ghrian lena seaftaí marbhánta meirbhe gréine dá searradh féin anuas sa mullach uirthi, isteach díreach ina súile mar mheanaí géara. An ghrian bhocht chéanna nár scoilt cloch ariamh, ní áirím ollcharraig – níor choigil a teas ga inti. Níor dhóigh a craiceann. Níor fhág neascóid fiú ach oiread leis an tine. Táin na tine creasa a scrios roimpi fás, plandaí, rútaí is scraitheachaí. Ach níor dhóigh fiú screamhóg dá héadan, níor fhág d'iarsma ach cuimilt dubh deataigh ar chraiceann a hollchoirp – dath a sciúradh chun bealaigh le ceirtghlantóir na haimsire agus na báistí. Báisteach. Báisteach ina héagruth féin agus i gculaith phreabchlochach sneachta – an bháisteach is an sneachta glic: damhsóirí soineanta, mar dhea. Shíl creimeadh a thioscail lena gcomhrá lúfar rithimeach cos. Ach mhaolaigh, mhantaigh is scrios craiceann na carraige fiacla rúnda ceilte a sála arda. Iadsan freisin suaite. Suaite scaití móra le snámh smigín an aeir amplaí. Aer. An t-aer brionglóideach réimsiúil á phacáil féin ina chása mórthimpeall uirthi. Rinne an t-aer láchín grámhar leis an gcarraig ar dtús, ag teorannú a himlíne go muirneach mar lámh staidéarach shaor cloiche a bheadh ag dealbhadóireacht go sainchúramach. An t-aer fiosrach ansin ag síorchuimilt chraiceann na carraige, ag sisireacht is ag feadaíl léi – ag athfhilleadh go minic mar a dhéanfadh drochbhrionglóid. Ansin ag pléascadh de rap tobann ina stoirm shúpláilte thoirní á bleastáil, ag sianaíl léi féin go cantalach . . .

Ach níor ghéill an charraig nocht. Níor fheac. Níor chrom. Níor luigh síos. Níor bhog go leataobh. Níor chúlaigh siar. Sheas suas go dalba dúshlánach struipeáilte. Í fós ina hollbhobailín ar screamh réimsiúil mhullach an chnoic. A cnoc dúchais . . . Beann ní raibh ag an gcarraig orthu go léir. Sheas ina staic dána stobarnáilte ina gcoinne. Ba léise amháin a cruth pearsanta féin seachas an blaiseadh fuar a fuair an cruasta créúil talún ina raibh a sáil fréamhaithe. B'in uile ar bhlais an charraig go leanúnach. Níor aclaigh, níor iarr, níor chronaigh a mhalairt. Í chomh ciúin socair, gurb ann di i ngan fhios don saol, beagnach – murach a toirt leitheadach feiceálach. Bhí a suaimhneas féin ansin aici. A smaointe féin. A seanchas féin. A stair féin. A ciúnas cúthail brionglóideach féin a charnaigh na milliúin bliain i smúsach a croí is a cnámh. Mar a bheadh a spioradáltacht féin ginte aici, stóráilte istigh faoina cruit dhromach féin, di féin . . . i bhfad Éireann sul má brionglóidíodh an duine, gan bacadh lena thitim go héagórach ina dheoraí síoraí fáin ar an sop . . .

An duine bocht. Déchosach croschosach. Bonnaire. Chonaic an charraig a bhonnachaí ag lorg is ag salú screamh snoite na cruinne móire roimhe, roimhe is ina dhiaidh. De réir a chéile, é ag coiscéimiú chuici ina choisméigeachaí corracha bacacha. B'aisteach mí-ádhúil a chruth neamhstiúrach. É chomh mór sin as alt – chomh haduain preabach sin

– le chuile bhall beo ina thimpeall. B'ainmhí strae gan patrún é.
Neamhphearsanta. Náire fhiosrach éiginnte eicínt á thiomáint féin
roimhe . . . ina treo. Ní móide go raibh fios a bhealaigh aige. Ní móide
go sroichfeadh sé go deo í. É cromtha faoina ualach, ualach a shamhlofá
a bheith ag fás siar amach as mar chruit a leagfaí anuas air. Ba thrua leis
an gcarraig é ar dtús, a chruth casta neamhdhealbhach. É míshiúráilte
fiú faoi chosán aistreánach a chos féin. Chuile chasacht gaoithe ar tí é a
shéideadh léi taobh eicínt. Ara b'fhurasta é a scuabadh, gan ann ach duine
. . . duine. Gan sáil, cos ná rúta dá chuid i dtalamh ariamh.

Faoi cheathrú thiar theas na carraige a stop sé. An duine. Gan ann ach
cuileoigín lena hais – ceolán de chuileoigín placach déistineach – ach
shílfeá go mba leis féin uile í ó thús an tsaoil – chuile orlach beo di –
an chaoi shladúil ar thug sé fúithi.

Tholl poll díosal druileáilte suas ina leath deiridh á héigniú. Suas, suas,
suas go himleacán a croí. Shac meana de mhaide lasta geilgníte, mar
urchar suain suas inti . . . is rith . . . rith leis uaithi ina thintreach mar a
dhéanfadh giorria fuil-scanraithe ó chonairt. Chonaic an charraig féin
an méid sin lena súile suáilceacha cinn. Chonaic agus –

Gheafáil an t-aer airdeallach amplach an spás folmhaithe di féin –
iarspás na carraige . . .

ATHAIR

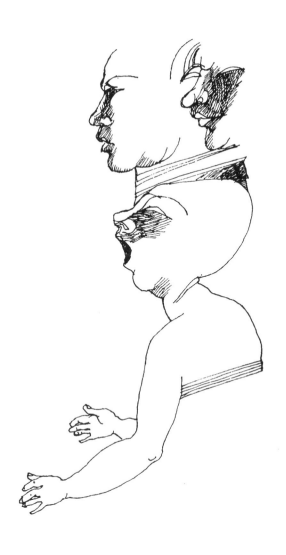

BB '85

ATHAIR

Cén chaoi a mbeadh a fhios agamsa céard a dhéanfainn – th'éis dom é a inseacht dó – mar nach bhfaca mé m'athair ag caoineadh cheana ariamh. Ariamh! Fiú nuair a maraíodh mo mháthair sa timpiste naoi mí roimhe sin, deoir níor chaoin sé, go bhfios domsa. Táim cinnte nár chaoin mar ba mise a tharraing an drochscéal chuige. Is ba mé freisin a bhí ina fhochair i rith an ama ar fad: laethanta bacacha úd na sochraide. Níor leagadh aon chúram eile ormsa ach amháin fanacht leis. Ba iad a chuid deartháireacha agus deartháireacha mo mháthar – mo chuid uncaileachaí – a d'iompair an chónra agus a rinne na socruithe sochraide. Ba iad comharsana an bhaile, le treoir ó mo chuid deirfiúracha, a choinnigh stiúir eicínt ar chúrsaí timpeall an tí. Sórt tuiscint a bhí ann – cé nár dúradh amach díreach é, gur mise ab fhearr fanacht taobh le m'athair, óir ba mé ab óige: an t-aon duine a bhíodh sa mbaile ó cheann ceann na bliana.

Sin é an fáth a bhfuil mé beagnach cinnte nár shnigh oiread is deoir amháin cosán cam anuas ar a ghrua. Níor shnigh le linn solas feiceálach an lae cibé é. Níor úsáid sé a naipcín póca fiú murar shéid a shrón leis. Ó, bhí sé an-trína chéile siúráilte, é dodhéanta beagnach aon fhocal a bhaint as. D'imíodh tréimhsí fada tostacha thart gan tada á rá aige ach é ag breathnú uaidh – ag stánadh isteach díreach sa tine nó amach uaidh sa spás trí fhuinneog na cistine . . . Ach deoir ghoirt amháin níor tháinig lena ghrua. An seac ba chúis leis, b'fhéidir. An gheit dhamanta a bhain an seac as. Ansin aríst níorbh é m'athair an cineál duine a shamhlófá deora leis, ní áirím caoineadh . . .

Sin é an fáth ar baineadh geit chomh mór anois asam. Ní geit ach stangadh. Níorbh é an caoineadh féin ba mheasa ar chor ar bith ach an sórt caointe a rinne sé. Ní glanchaoineadh iomlán fírinneach – a bhféadfá a rá gan amhras go mba chaoineadh é – ach cineál pusaíle, sniogaíl nó seitreach bhacach . . . sea, seitreach phianmhar dhrogallach sheachantach a bhí ar leathchois. Níor mhair ach dhá mheandar nó trí. Cheapfá, nuair a stop sé go tobann gurb amhlaidh a shloig sé í –

an tseitreach – le deacracht, ar nós táibléad mór a mbeadh blas gránna air a chaithfí a thógáil ar ordú dochtúra. Ní hé amháin nár bhreathnaigh sé orm – seachas leathamharc strae, a sciorr díom mar uisce tobair nuair a bhí mé á rá leis ach cheapfá gur ag iarraidh a éadan a choinneáil i bhfolach orm, nó ar a laghad leataobhach uaim, a bhí sé ina dhiaidh sin. B'fhurasta dó ar bhealach, is gan é ar mo chumas-sa breathnú díreach air, ainneoin m'fhiosrachta. É ag braiteoireacht thart. Shuigh mise ansin i mo dhealbh – gan fanta ionam ach teas mo choirp. Níor fhan smid aige: ag ceachtar againn. Is ansin a thuig mé gurbh fhearr an tseitreach de chaoineadh féin ach breith i gceart air, ná an tost. Seans go bhféadfaí iarracht rud eicínt a dhéanamh faoin gcaoineadh dá mairfeadh. Ach bhí an tost marfach éiginnte, dúshlánach: chomh mall fadálach pianmhar le breith. Bhraith mé i gcaitheamh an ama nach raibh sé ag breathnú i leith orm, fiú nuair a bhí uain aige ar anáil dhomhain nó dhó a shíneadh taobh le taobh agus cúpla focal a dhingeadh i dtoll a chéile . . .

"Agus tá tú . . ." a deir sé, ag stopadh mar a dhéanfadh an focal staic stobarnáilte ina scornach, at nó stad mar a bheadh an focal ag breathnú roimhe, féachaint an mbeadh sábháilte teacht amach – nó agus súil b'fhéidir go ndéarfainnse aríst é – an focal sin a rinne fuaim ghlugarnach ina chluasa tamaillín roimhe sin, focal nach móide a múnlaíodh as a scornach tuaithe féin ariamh. Focal strainséartha . . . Focal nach raibh fiú nath measúil Gaeilge ann dó nó má bhí, ní in aice láimhe . . . Níor rith sé liom nár fhreagair mé ar chor ar bith é, mise imithe amú thar teorainn, ag póirseáil istigh ina intinn, nó gur phreab a athrá mé.

"Agus deir tú liom go bhfuil tú . . ."

"Tá," a deirimse, ag teacht roimhe leath i ngan fhios dom féin chomh focalsparálach céanna, gan tuairim agam an raibh seisean ag dul ag críochnú na habairte, ar an dara timpeall nó nach raibh.

"Táim," a deirim aríst de sciotán, mar a rithfeadh an focal i bhfolach orm, ar feadh soicind, mé ag iarraidh aisíoc eicínt a íobairt as folúntas mo thosta.

"Go sábhála Dia sinn," a deir sé. 'Go sábhála . . . mac dílis Dé . . . sinn," a deir sé aríst agus é mar a bheadh ag tarraingt na bhfocal, ceann ar cheann, aniar as Meicsiceo. Bhraith mé gur mhaith leis dá bhféadfadh sé cur leo, dá mbeadh freagra nó – rud eicínt eile a rá – nó dá mbeadh caint shimplí réamhullmhaithe ann a d'fhéadfadh sé a tharraingt chuige. Rud ar bith a bhainfeadh slabhra focal as an gciúnas.

"An bhfeiceann tú sin anois," a d'éagaoin sé agus é ag tarraingt anáil fhada d'aer na cistine isteach trína pholláirí agus á raideadh amach aríst le teannadh. "An bhfeiceann tú sin anois?"

Rug sé ar an mbuicéad guail agus bhain an clár de dhroim an *range*, gur dhoirt carnáinín guail síos i mullach na tine. Thóg cúpla fód móna as an mála plaisteach 10-10-20 a bhí in aice an *range* gur shac síos i mbarr aríst iad – ag déanamh caoráin bhriste den phéire deireanach acu faoina ghlúin, lena gcúinne a shaothrú i gcúngacht phacáilte an *range* béal lán. Seo nós a chleacht sé i gcónaí, an gual agus an mhóin a mheascadh. Bheadh an gual róthe – agus ródhaor ar aon nós, a deireadh sé – agus ba dheacair an mhóin a dheargadh scaití, ná mórán teasa a fháscadh aisti, go háirithe as an gcuid de a bhí fós ina leathspairteach th'éis an drochshamhraidh . . . D'ardaigh sé an scuaibín láimhe den phionna gur scuab síos sa tine an smúdar seachránach móna a bhí tite ar bharr an *range*. Lig don chlár ciorclach iarainn sciorradh ar ais ina ghrua go torannach. Tharraing sé anáil dhomhain ard eile, é fós dírithe isteach ar an *range*.

"Agus ar inis tú do do chuid deirfiúrachaí faoi seo . . ."

"D'inis . . . nuair a bhí siad sa mbaile sa samhradh, an oíche sul má d'fhill siad ar Shasana."

Stop sé soicind, agus é fós leathchromtha isteach os cionn an *range*. D'oscail sé a bhéal. Dhún aríst é gan tada a rá mar a dhéanfadh iasc órga a bheadh timpeallaithe ag uisce i mbabhla gloine. Ba ar an dara hoscailt dá bhéal a léim an abairt chainte amach ina dhá stráca thar an tocht plúchtach.

"Agus do mháthair . . . an raibh a fhios aicise?"

"Níl a fhios agam." Agus dúirt mé ansin. "Bíonn a fhios ag máithreacha i bhfad níos mó ná mar a insítear dóibh."

"Ó bíonn a fhios, bíonn a fhios . . . Beannacht Dé le hanamacha na marbh." Rinne sé leathchomhartha místuama na croise air féin. "Ach ní bhíonn a fhios ag aithreacha tada – ní bhíonn a fhios ag aithreacha tada nó go mbíonn chuile fhocal *spell*eáilte amach dóibh."

Bhí sé thuas ag an mbord faoi seo agus é th'éis braon beag d'uisce an tobair a bhí sa mbuicéad a chur sa gciteal, citeal a bhí sách lán cheana féin. Leag ar ais ar bharr an *range* é mar a mbeadh ag fiuchadh leis le haghaidh an tae, nuair a d'fhillfeadh ó bhleán. B'fhearr leis i gcónaí an tae a dhéanamh le huisce an tobair, fiuchta sa seanchiteal, ná a bheith i dtuilleamaí uisce an *tap* agus an chitil leictrigh, seachas moch ar maidin nó nuair nach mbíodh uain fanacht. Shábhálfadh *electric* freisin a deireadh sé. Níor bhain mo mháthair fiú as an gcleachtadh sin é. B'fhearr léise dá gcaithfí amach an *range* ar fad, arae bhí an sorn leictreach in ann chuile ní a dhéanamh, i bhfad níos rialta is níos staidéaraí a deireadh sí – dinnéar, cócaireacht, bruith, bácáil, bainne na laonta a théamh . . . Bheadh nó go mbeadh gearradh tobann cumhachta ann, a deireadh sé, le linn stoirme nó tintrí. Nuair ba ghéire a theastódh *electric*, b'fhéidir go mbeifeá dá uireasa. Chasfadh sé linne aríst é ar bhealach ceanúil aon uair a bhíodh . . . 'Anois nach maith daoibh agaibh an sean*range*.'

Tharraing sé chuige an pócar. D'oscail comhla uachtarach an *range*. Shac isteach ann é go sáiteach ag iarraidh an tine a ghríosú le lasrachaí a tharraingt aníos óna broinn dá mb'fhéidir. Nuair nach raibh an ghríosach ag tabhairt mórán d'aisfhreagra air, chas go místuama an murlán ar uachtar an *range*, a spreag sórt tarraingt ón simléar. Shac an tine aríst cúpla babhta – beagán níos doimhne an geábh seo, ag iarraidh pasáiste a dhéanamh isteach don aer. Ba ghearr go raibh lasrachaí damhsacha gormdhearga ag tabhairt líochán fada do na fóid dhubha agus ag sioscadh go léimneach ar dhromanna na gcloch crua guail – go cúthaileach ar dtús, ach ag bailiú misnigh is nirt. Dhún sé an chomhla de phlop buacach, ag casadh an mhurláin go daingean lena chiotóg. Chuir sé an pócar ar ais ina áit féin sa gcúinne.

"Agus céard faoi Shíle Mhicí Beag," ar sé go tobann, mar a bheadh iontas air nár chuimhnigh sé fiafrú fúithi roimhe sin. "Nach raibh tú ag dul amach le Síle cúpla bliain ó shin," a raid sé, dóchas faiteach éiginnte ina ghlór.

"Bhí . . . sórt," a d'fhreagair mé go stadach. Thuig mé nárbh aon fhreagra é sin, ach bhí sé ag cinnt orm tacú leis ag an nóiméad sin.

"Cén sórt, bhí sórt," a dúirt sé aríst. "Bhí nó ní raibh. Nár chaith sí bliain ag tarraingt anseo, agus cibé cén fhad roimhe sin . . . Cén chúis gur fhág sí Tomáisín Tom Mhary, mura le dhul amach leatsa é?" Bhí sé ag stánadh ar an raca a bhí os cionn an *range*.

"Ach ní raibh mé ach . . . ní raibh mé ach ocht mbliana déag d'aois an t-am sin," a dúirt mé, ag athrú m'intinne. "Ní bhíonn a fhios ag duine ag an aois sin céard a bhíonn uaidh, ná cá mbíonn a thriall," a chuir mé leis.

"Ach bíonn a fhios ag duine atá dhá bhliain is fiche, is dóigh! Bíonn a fhios ag duine chuile shórt faoin saol nuair a bhíonn sé dhá bhlian is fiche."

"Níl sé baileach chomh simplí sin," a dúirt mé, iontas orm liom féin gur tháinig mé leath roimhe.

"Ó cinnte níl sé simplí. Níl ná simplí!"

Bhrúigh sé an citeal go leataobh, agus chroch an clár de bharr an *range* aríst, mar chineál leithscéal go bhfeicfeadh sé an raibh an tine ag lasadh i gcónaí. Bhí.

"Bhí mé ag dul amach léi, mar nach raibh a fhios agam . . . mar nach raibh a fhios agam céard ba cheart dom a dhéanamh, mar go raibh chuile dhuine eile de na leaids ag dul amach le cailín eicínt . . . "

"Ó bhí . . ."

"D'iarr mé i dtosach í mar go raibh duine eicínt uaim le tabhairt chuig *social* na scoile. Ní fhéadfainn dul ann asam féin. Bheadh sé aisteach dá dtabharfainn Máirín nó Eilín liom. Ní thiocfaidís liom ar aon nós. Ní fhéadfainn fanacht sa mbaile, nó is mé an t-aon duine den rang a bheadh ar iarraidh . . . Céard eile a d'fhéadfainn a dhéanamh?" a deirim, iontas orm go raibh mé th'éis an méid sin cainte a chur díom.

"Cá bhfios domsa céard a d'fhéadfá a dhéanamh. Nach bhféadfá bheith ar nós chuile dhuine eile . . . sin, sin, nó fanacht sa mbaile." Bhí cling ina ghuth nuair a dúirt sé an focal *baile*.

"Ní fhéadfainn," a deir mé, "ní fhéadfainn go deo . . . Ní hé nár thriail mé . . . " Cheap mé go mb'fhearr dom gan dul isteach sa scéal níos faide ná níos mó a rá. Faitíos nach dtuigfeadh sé.

"Agus sin é anois a thugann suas go Bleá Cliath thú, chomh minic sin," sástacht shiúráilte ina ghlór go raibh an méid sin oibrithe amach aige dó féin.

" 'Sé . . . 'sé, is dóigh." Céard eile a d'fhéadfainn a rá, a smaoinigh mé.

"Agus muide ar fad cinnte gur bean a bhí thuas agat ann. Daoine ag fiafrú díomsa ar cuireadh in aithne dhúinn fós í . . . nó cá fhad eile go bhfeicfeadh muid í. Aintín Nóra ag fiafrú ar an bhfón an lá cheana cá fhad ó go mbeadh an chéad bhainis eile againn . . . ag meabhrú nár mhór fanacht bliain ar a laghad th'éis bhás do mháthar."

"Ní gá d'Aintín Nóra aon imní bheith uirthi fúmsa, breá nár phós sí féin ariamh más in é an chaoi é," a deirimse, aiféal láithreach orm nuair a bhí sé ráite agam, faoin ngliceas a bhí i mo chuid cainte.

"Suas go Bleá Cliath! Huth." Leis féin a bhí sé ag caint anois. "Tá Bleá Cliath aisteach agus contúirteach," a chuir sé leis, ar bhealach nár éiligh freagra.

D'iompaigh sé thart, ionas go raibh a chúl iomlán leis an *range*. Chrágáil a bhealach i dtreo bhord na cistine. Chroch mias an bhainne lena dhá lámh gur dhoirt braon amach as síos sa *jug* nó go raibh ar tí cur thar maoil. Bhí a rostaí ar crith, ag an gcritheán a thagadh ina lámha nuair a bhíodh faoi straidhn ar chlaonadh áirithe. Bhí mé buíoch nár shlabáil sé aon bhraon den bhainne ar an mbord: mé réidh le glantóir fliuch a fháil le glanadh suas ina dhiaidh dá mba ghá. Bhí sórt náire orm, i mo shuí síos ag breathnú air ag déanamh na hoibre seo – obair ba ghnách liom féin a dhéanamh . . . Dhoirt sé an fuílleach bainne nach rachadh sa *jug* síos i sáspan slab na laonta agus leag an sáspan ar ghrua an *range* le go mbeadh ag téamh leis nó go mbeadh na beithígh blite agus na laonta le réiteach. Tharraing sé chuige buicéad *enamel* an bhainne, a bhíodh leagtha i gcónaí ar ráillí an bhoird ón am a nglantaí gach maidin é th'éis an bhleáin. Scal le huisce te é ón gciteal – uisce fiuchta bruite a bhí ag pléascadh feadaíl aerach as an gciteal cheana féin. Leag an citeal, gob iompaithe isteach, ar ais ar ghrua an *range* le nach gcuirfeadh thar maoil leis an teas. Chiorclaigh timpeall an t-uisce scólta ar thóin an bhuicéid sul má d'fholmhaigh é de ráigín amháin i sáspan na laonta. Shearr beagán é féin, gur rug chuige éadach na soithí, a bhí ar an raca os cionn an *range*. Thriomaigh an buicéad leis. Chaith suas ar ais aríst é, go fústrach míchúramach, é á fhaire san am céanna faitíos go rollálfadh anuas ar bharr an *range*. Níor rolláil.

Go tobann, dhírigh sé é féin mar a theagmhódh splanc leis. D'iompaigh anall ormsa. D'fhéach ar feadh soicind, radharc ár súl ag beannú, ag dul thar a chéile. Bhí an fhéachaint a bhí ag silt óna éadan difriúil leis an gcéad fhéachaint – an fhéachaint thobann thais úd, a chaith sé liom mar a bheadh á caitheamh amach uaidh féin nuair a d'inis mé dó . . . Thug mé faoi deara na roicne ina éadan, na roicne crosacha leathchiorclacha leathchearnógacha, an ghruaig ghearr liath a bhí ag éirí aníos óna chlár éadain, na malaí: na súile. Súile! Is iad na súile a ruaig asam cibé brionglóidí cónaitheacha a bhí á n-atáirgeadh agam an ala sin. Is iad na súile a chuir cor coise ionam. Na súile a abraíonn an oiread sin amach díreach gan a mbéal a oscailt. Thuig mé ansin nárbh fhiú breathnú ar fhear choíchin, gan breathnú sna súile air, fiú mura mbíonn ann ach breathnú drogallach leataobhach, fuadaithe beagnach i ngan fhios . . . Bhreathnaigh mise uaim, gan mé in ann é a sheasamh níos faide, mé buíoch gur thogair seisean labhairt . . . Bhí an buicéad cuachta suas faoina ascaill aige, mar ba nós rialta leis nuair a bheadh ar tí dul amach ag bleán.

"Agus do shláinte!?" a d'fháisc sé aniar as a scornach go neirbhíseach.

"Cén chaoi 'bhfuil do shláinte, nó an bhfuil tú ceart go leor."

"Ó tá mé togha, togha," a d'fhreagair mé chomh sciobtha agus a d'fhéad mé, mé thar a bheith buíoch as bheith in ann freagra chomh dearfa sábháilte sin a thabhairt agus a fhanacht a chniogadh láithreach. Is ina dhiaidh sin a tháinig iontas orm go gcuirfeadh sé a leithéid de cheist . . .

"Cabhair ó Dhia chugainn as an méid sin féin," a deir sé, a dhroim liom agus é ag coiscéimiú a bhealaigh siar go dtí an doras dúnta. Ba léir go raibh faoiseamh eicínt ina ghlór.

"Níl aon chall imní duit," a dúirt mé, ag iarraidh tonn eile dóchais a fhadú, ó ba chosúil go raibh an méid sin faighte liom agam. "Bímse cúramach. Bím an-chúramach i gcónaí."

"Más féidir a bheith sách cúramach?" a chuir sé leis go ceisteach, a chaint níos nádúrtha. "Más fíor leath dá mbíonn ar na páipéir Dé Domhnaigh, nó ar an *television* i gcaitheamh na seachtaine."

Lig mé tharam an chaint sin. Chuimhnigh go bhféadfadh i bhfad níos mó eolais a bheith aige ná mar a cheap mé. Nach mbíodh an teilifís casta air sa teach againn síoraí seasta, chuile ábhar cainte faoin spéir tarraingthe anuas ar chuid de na cláracha, é féin caite siar sa gcathaoir mhór ansin, a shúile dúnta, é ag míogarnach chodlata ó theas na tine . . . ach é b'fhéidir ag sú isteach i bhfad níos mó ná mar a cheapfá . . .

Chroch sé a chóta mór anuas den tairne a bhí sa doras dúnta. Leag aniar é ar shlinneán na cathaoireach.

"Agus ar chaith tú do rún a scaoileadh liomsa . . . an aois ina bhfuil mé is uile."

"Chaith agus níor chaith," a bhí ráite agam, sul má thuig mé nárbh aon fhreagra é an méid sin. Lean mé orm. "Bhuel, níl mé ag rá gur chaith mé é inseacht dhuit ach . . . ach ar fhaitíos go gcloisfeá ó aon duine eile é, ar fhaitíos go ndéarfadh aon duine tada fúm i do chomhluadar." Cheap mé go raibh ag éirí liom mo phointe a chur trasna. "B'fhearr liom go mbeadh a fhios agat ar aon nós, go mbeifeá réidh."

"Réidh! Tá mé réidh anois ceart go leor . . . Is tá tú ag rá go bhfuil a fhios ag daoine thart anseo mar sin?" cineál múisce ina ghlór.

"Tharlódh go bhfuil. Is deacair tada a cheilt . . . go háirithe in áit iargúlta mar seo."

"Agus an bhfuil tú ag ceapadh go bhfuil tú ag fanacht thart anseo?" ar sé de léim, noda imníoch scanrúil ina ghlór, dar liom. Bhuail an tsaighead thobann d'abairt leadóg sa leiceann orm, chomh tobann sin nár fhéadas idirdhealú comhuaineach a dhéanamh: ceist a dhealú ón ráiteas nó ráiteas a dhealú ón gceist. Ar impigh an chaint sin freagra: freagra uaimse nó uaidh féin . . . a d'fhiafraigh mé díom féin. Cinnte bhí mé ag iarraidh fanacht, nó ba cheart dom a rá – sásta fanacht. Ba é m'athair é. Mise ab óige sa gclann, an t-aon mhac . . . Mo bheirt deirfiúr pósta i Londain. Ba ar mo chrannsa a thit. Ach é áitithe ag na deirfiúracha orm, an oíche sul má d'imigh siad, go raibh Londain i gcónaí ann – go raibh áit ann dom dá dtiocfadh orm.

Nach gceapfá go mbeadh a fhios aige go maith go raibh mé toilteanach fanacht. Cé eile a bhreathnódh amach dó? Lámh chúnta a thabhairt dó leis an gcúpla beithíoch, aire a thabhairt don teach, súil a choinneáil ar an ngiodán d'fheirm, freastal air féin, é a thabhairt chuig an Aifreann chuile Dhomhnach, comhluadar a sholáthar dó . . . 'An bhfuil tú ag ceapadh go bhfuil tú ag fanacht thart anseo,' a mheabhraigh mé dom féin arís, gan mé tada níos eolaí, fós ag iarraidh léas tuisceana ar cheist nó ráiteas a bhí mé in ainm is a dhealú ón gcaint sin. Ní raibh sé ag súil le freagra uaimse, nó an raibh?

Bhí a chuid *wellingtons* tarraingthe chuige aige, é buailte faoi ar chathaoir ag cloigeann an bhoird, é cromtha síos ag scaoileadh barriallacha a bhróga móra tairní le strus, a chruth cromtha ag breathnú difriúil. Dá mbeadh orm imeacht, a dúirt mé liom féin . . . Dá dtabharfadh sé bóthar dom, ag ordú nach raibh sé ag iarraidh mé a fheiceáil níos mó, ná baint ná páirt a bheith aige liom . . .

Chuimhníos láithreach ar chuid de mo chuid méiteanna agus lucht aitheantais i mBleá Cliath. An codán acu a fuair bóthar nó drochíde óna ngaolta nó óna muintir ar a nochtadh dóibh: Mark – ar dhúirt a athair leis de scread gur focar brocach a bhí ann agus gan an teach a thaobhachtáil lena bheo aríst: Keith – ar thug a athair griosáil dó nuair a fuair amach go raibh leannán aige, agus a choinnigh sáinnithe taobh istigh de bhallaí an tí ar feadh míosa é, agus é beagnach scór bliain d'aois: Philip – a raibh an brú chomh mór sin air gur chlis ar a néaróga, nach raibh de chríoch uile ann dó ach éirí as a phost múinteoireachta, th'éis do chladhaire dá chuid daltaí é a fheiceáil ag fágáil ceann de na beárannaí oíche Dhomhnaigh amháin – a thuairisc ar fud na scoile roimh am lóin an Luan dár gcionn. Leasainmneachaí maslacha gránna á nglaoch air ag na buachaillí suas lena bhéal . . . agus an chleatráil shioscach chúlchainteach. Cé a chuirfeadh milleán air, fiú mura raibh aige anois ach an dól agus aistriú chuig árasán ar ghualainn eile na cathrach. An dól féin ní raibh ag Robin . . . Ceithre huaire fichead a thug a thuismitheoirí dó le glanadh amach as an teach, agus gach ar bhain leis a bheith crochta leis aige, ag rá nach bhféadfadh sé go mba leo féin é, gurb é féin amháin a tharraing an cineál seo saoil sa mhullach air féin, nach raibh siad ag iarraidh é a fheiceáil lena mbeo go deo aríst. Is ní fhaca. Gan rompu ach a chorp nuair a d'fhilleadar abhaile an oíche sin. É sínte scartha ar an leaba ina seomra codlata féin . . . clúdaigh boscaí piollaí lena ucht, leathghloine uisce faoin scáthán ar an mboirdín gléasta, nóta giortach ag míniú nár theastaigh uaidh ach bás a fháil san áit ar gineadh é, go raibh grá aige dóibh, is go raibh aiféala air iad a ghortú ach nach bhfaca sé an dara rogha ag síneadh amach roimhe sa saol . . .

Thrasnaigh tonnbhuillí fadálacha aniar aduaidh an chloig mhóir ar mo liodán. Bhí sé féin thall os mo chomhair fós, ag rúpáil leis ag iarraidh a chuid *wellingtons* a tharraingt aníos ar a chosa le deacracht mhístuama – cosa a threabhsair fillte síos ina stocaí tiubha olla aige . . . Dá gcaithfinn greadadh, a smaoinigh mé, ní móide go bhfeicfinn m'athair mar seo aríst choíche. Go deo. An chéad uair eile a bhfeicfinn é, bheadh sé fuar marbh ina chónra. An triúr fiosrach againn tagtha abhaile le chéile ar an gcéad eitilt as Londain th'éis teachtaireacht báis de ghlaoch deifreach gutháin a fháil ón mbaile . . . gur tite amuigh sa ngarraí a fritheadh é, nó nach raibh a fhios cinnte an amhlaidh a thit sé sa tine nó an raibh sé básaithe ar aon nós sul má dhóigh an tine an teach go talamh domhain san oíche, nó b'fhéidir gur sa seomra leapa a gheofaí a chorp – faoi leath dá chuid éadaí – th'éis do chúpla comharsa doras an tí a réabadh isteach le lámh láidir . . . iad ag iarraidh comhaireamh siar cé mhéad lá ó facthas go deireanach é, gan ar chumas aon duine uain bharainneach a bháis a dhearbhú go cinnte . . .

Bhí a chuid *wellingtons* múnlaithe air. É dírithe suas ina sheasamh. A chóta mór fáiscthe timpeall air, caipín speiceach ina láimh, réidh le tarraingt anuas ar a mhullach. Buicéad *enamel* an bhainne uchtaithe faoina ascaill.

Ghluais sé go mall, stadach beagnach, trasna urlár an tí, i dtreo dhoras na sráide. Lean mo shúile a aghaidh . . . a thaobh . . . a dhroim, coisméig bhacach ar choisméig agus é ag éalú uaim – an abairt dheireanach a tháinig uaidh ar baillín beag á casadh féin timpeall athuair in mo chloigeann ar nós eascainne a gheofadh í féin caite tite ar leac the, th'éis a bheith taosctha aníos as tobar lá brothallach samhraidh.

Stop sé ag giall an dorais, mar ba nós leis i gcónaí ar a bhealach amach, gur thum a mhéar san umar uisce choisricthe a bhí crochta ar an ursain: seanumar adhmaid den Chroí Ró-Naofa a thug mo mháthair ar ais ó oilithireacht ar Chnoc Mhuire aimsir an Phápa. Chonaic mé é ag strácáil leathchomhartha na croise air féin go místuama, gan aon chinnteacht ann an í an ordóg nó an mhéar a tumadh san uisce coisricthe a bhí chun cinn ag déanamh an ghnaithe.

Chuir sé a lámh ar laiste an dorais. D'oscail é, á tharraingt isteach chuige.

Ansin a d'iompaigh sé timpeall gur fhéach orm, a chorp uile ag casadh thart go mall i ndiaidh a chinn. Bhí sé ag breathnú i leith díreach orm, ag baint an rásáil as mo chuid smaointe uile, is á ruaigeadh ar ais i gcúinní dorcha mo chinn.

"An seasfaidh tú roimh an mbó bhradach dom?" ar sé, "fad a bheas mé á bleán . . . tá sine thinn i gcónaí aici . . ."